未踏の美味追求のために「和食を科学する」

和食の道

髙橋拓児

先人の経験の蓄積を役立てるための知識と知恵を、現代の料理人である我々は身につけなければいけません。

外から入ってくるものを、科学的な要素や文化的な要素、世俗的な要素、宗教的な要素にいったん分解して解釈し、そこから技術向上につながるものを取り入れることができれば、われわれの料理もさらに洗練され、上質なものになるに違いありません。

一番格の高い脂ののった鯛を刺身の長い一尺一寸の柳包丁で切って、平造りにして山葵と醬油で食べるというのが真。これを決めておくからこそ鯛の薄づくりのような崩しができる。醬油や薬味などを柔軟に変えて、バリエーションを増やしたとしても、真の部分が残っているから日本料理という枠から外れることはないのです。

茶道、華道、能楽などの文化的要素だけでなく、神事、仏事、和歌や近代日本文学などの歴史的な知識など総合的な目を持つことで、未踏の日本料理としての美味を追求していけるのです。

和食とは昆布を使う料理のことです。その理由は、世界広しといえど、日本料理だけが昆布を使っているからです。さらに言うなら昆布の原産地は日本のみ。私は昆布が世界に広がる前に、昆布を使った料理はすべて「日本料理」だと言っておきたいと思います。それは料理の基本概念からも導かれるものなのです。

食材が豊富な日本では、それぞれの食材の必要な部分と消し去りたい部分を見極め、洗練度を表現することに終始すればいい。ただし、その見極め方が実は相当難しいのです。

海外で求められる和食の基本は、「美味しいだし」です。ここ数年ほどの間で、海外の富裕層はだしの味がわかるようになってきました。肉の旨味や野菜の旨味と、旨味にもいろいろあるなかで、日本特有の美味しさは鰹と昆布のだしだとみなが気づき始めたのです。

包丁技と味つけ、料理人があとひとつ望まれるのが、綺麗に盛りつける感性です。たぶん生け花に近いのだと思います。「料理の正面、真の部分が5ミリ狂ったら違う料理になる」

釜のふたをとった瞬間、つきたての餅の香りがすることとお米を口に入れて噛んだときの甘い香りが強く引き立つものを良しとします。次に米の表面の艶が光り輝き、ひと粒ひとつぶがつかず離れず存在し、至るところに蟹穴なる空洞が出現していることが重要です。鼻で嗅いで目で見ただけで、食べずともその米の実力がほぼわかります。

日本料理は、空間表現や器など、料理以外のものと一体化させ季節感を盛り込む料理です。それぞれの季節、節句をさまざまな演出で表すのです。

料理に対する、知識、教養を上げつつ日ごろの仕事の精度を上げるためには、ルーティンが肝心。つまり繰り返すことで、その精度を上げていくのです。そしてそこに外からの啓発を受けて新しいものを入力する。外界と接することで、いろんな世界のことを知って感じることも大切で、そこで初めて、ルーティンでやってきたことが生きてくる。

まずは、食べる。自分が稼いだ分は食べたり、飲んだり、器を買ったり、何かを学んだりと使わなければ、自分の能力は上がっていきません。スキルや感覚を磨いて能力や精度を上げることはもちろん大切ですが、さらに自分に投資する。それもやみくもに投資するのではなく、きちんと自分の目標を定め、そこに向かっていくことが大切です。

和食の料理人は西洋料理ほど自己表現しなくても、食べ手を感動させることができる。食材そのものの良さをうまく引き出すことができれば、それがより自然な美味しさにつながるからです。そのためにも料理人は、食材に対する知識を増やし、その良さを知らなければいけません。

食べるものを美味しいと感じたり楽しむことができるのは人間だけに与えられた能力で、これがいわゆる文化です。基本的には体を維持するために食物をとるのだけれど、「美味しい」と感じることで、それを文化としてとらえるわけです。

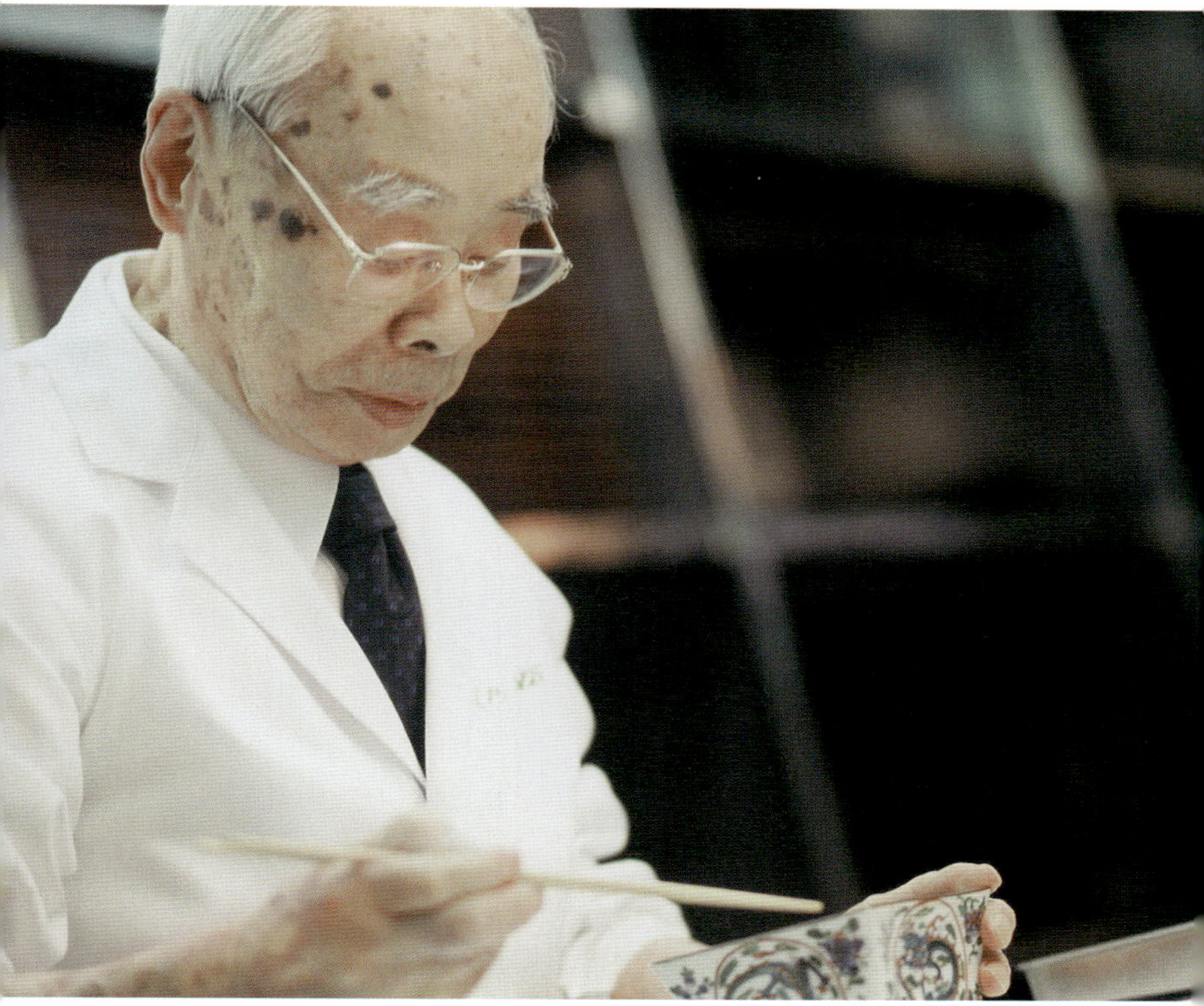

料理屋などで、お客さまに調理をする前の鯛を見せますが、これは「どうだ、生きのいい鯛だろう、大きいだろう」と自慢したいわけではなく、「今日、明石から届きました」と伝えることで、明石の海を感じていただきたいという思いがあるからです。そして、それが日本料理の本意。そこを誤解しないでいただきたい。

表現を洗練させるためには、やはり時間も大切です。技もそうですが、間があることが大事。自分の頭のなかで基本をしっかり整理して行動に移し、また同じことを繰り返す。その繰り返しには時間が必要で、自分が納得するまでやると、15年や20年はたっているものです。

和食の道

未踏の美味追求のために「和食を科学する」

髙橋拓児

IBCパブリッシング

はしがき

本当に美味しい料理を味わうためには教養が不可欠です。それと同時に味わうための眼、耳、鼻、舌の訓練が必要です。例えば、日本料理を熟知しているA君がパリにあるフランス料理の三ツ星レストランに食事に行ったとしましょう。彼は全くフランス料理のことを知りません。一緒に行った女性もそうです。

レストランのエントランスを彼が先に入り、女性が付き従う。彼が眺めの良い席に先に座り、店内に不穏な空気感が漂う。食前酒のリストを渡され、さっぱり分からないA君。お酒が弱いのにシェリーを注文する。次にメニューを手渡される。「テュルボのロティ　魚のジュのラケ　シェリー風味のエシャロットフォンダン　蕪のムースリーヌ」、「ピジョン　エピスのクルート　トランペットのソテー　デーツのファルシィ」と書いてあるが全く意味が分からないので、結局、メートルのお薦めの料理を選ぶことになった。その次にワインリストが手渡される。彼にとって更に難解なものがきた。このレストランはビンテージワインのコレクションが素晴らしいという店である。アンリ・ジャイエやルロワといった日本国内ではおいそれと手に入るワインではない。それも市場価格よりかなり安く飲める。けれども、お店の倉庫に保存してあるワインの価値も、ワインと料理の相性も分からないA君はまたメートルのお薦めのワインを選ぶ。メートルも彼らの知識レベルと立居振る舞いに合わせて、それ相応の分かりやすい定番のワインを設える。一揃え料理が提供され、デザートに入った。お酒の弱いA君はお薦めの食後酒の説明すら聞かない。彼の頼んだデザートに最も合う素晴らしいビンテージポートが用意されていたのに……。

そうなると、料理、ワイン、サービス全てが画一的な分かりやすさ優先に統一され、そのレストランの醍醐味が十分に味わえないことになるのです。食経験が乏しい人には本来味わい深い料理も不味いと認知されることもあります。例えばヤギのチーズやブータンノワールなどです。レストランに潜在的な高い能力を全く発揮させることなく、食べ手は同じ対価を支払うことになるのです。A君が日本に帰ってきてBさんにいった一言は、「あのレストラン、結構美味しかったよ。でも、凄いってほどではないしコストパフォーマンスは悪いね」となり、この例はどの国のどの料理にも当てはまるのです。つまり、教養と味覚の訓練なくしては、食の楽しみを十分堪能しているとは言えないのです。当然、日本料理にも同じことが言えます。

私はこの本を、皆様に日本料理を深く理解し、美味しい物を美味しく召し上がっていただきたいという一心から書き綴りました。歯に衣を着せず、ありのまま表現しています。この道を果てなく進む料理人として、皆様の食が豊かになることを心から願っています。

もくじ

序章　和食は科学だ

料理人は研究者でお客さまは被験者？

千年以上の歴史を持つ和食は、料理人が積み重ねてきた経験を口伝することや、おしながき（献立帖）に書き記すことで料理の技法やレシピを後世に伝えてきました。長い年月を経た分だけ、その精神や技法は洗練され、その蓄積が結実して、世界遺産の地位へと導びかれたといっても過言ではありません。

ただ、ここで考えなければいけないのは、千年以上もの月日をかけて継がれてきた技法や味が、本当に最良のものであるのかどうか。料理人が苦心して編み出した技法や味つけは、果たして正確に私たちに伝えられているのでしょうか？　実際のところどうなのかは誰も知る由がありません。ですが、もし時代ごとに、それらが分析され正確に伝わっていたら、和食はさらに素晴らしいものになっていたかもしれません。そう考えると、文字をデジタル化して残すことができなかった奈良時代や平安時代は別として、これからの料理人は、正しい和食の知識や技法、味わいなどを、わかりやすい数値やデータ、映像などにして、後世に伝える努力をすべきだと思うのです。

未来の「和食」の姿を予測して、そこにたどり着くにはどうすればいいかを常に考えていなければいけません。また、先人の経験の蓄積を役立てるための知識と知恵を、現代の料理人である我々は身につけなければいけません。

私の実家である京都の「木乃婦《きのぶ》」には、1日100人~150人のお客さまがいらっしゃいます。お弁当は1日に150個つくります。年間3万5千人ほどのお客さまに料理を食べていただき、4万5千食のお弁当をお届けする。つまり、「木乃婦」にはそれぞれの年の延べ8万人のお客さまデータが蓄積されているということです。

お客さまが喜んで笑顔で料理を召し上がってくださったら、その料理は合格ですが、美味しくない顔をされたり何かおっしゃったら、その料理は失敗ということになる。そんな繰り返しを80年間続け、その検証から料理をつくり磨いてきた。そう考えると、料亭とは、料理やもてなしを含めた「和食」を科学的な目で見て検証できる実験室であり、私たち料理人は研究者、お客さまは被験者だといえるのかもしれません。

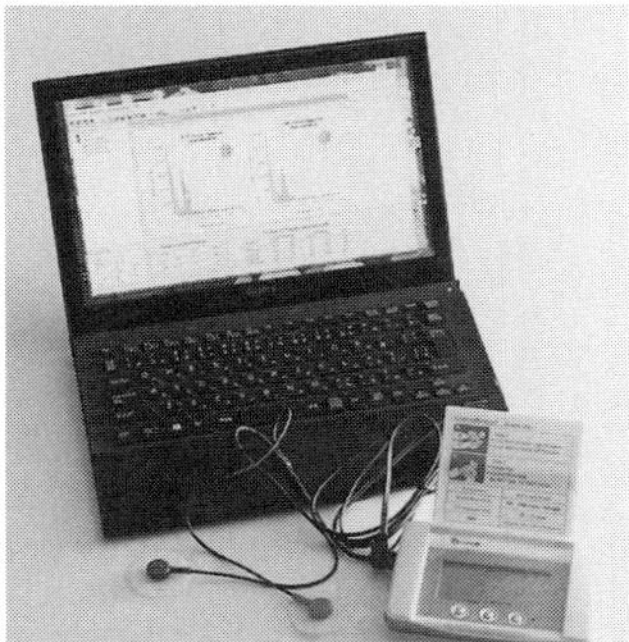

歴史・経験、そしてこれからはデータ

科学的なものというと、みなさんは、西洋的なものだととらえていませんか？　確かに科学の発生は紀元前３０００年ごろの古代エジプトやメソポタミアです。ピラミッドを建設するために数学が発展し、農業を行うために暦が作成され、天文学が発達しました。けれど、日本でも古来から天文学や医学、電気学などを用いてさまざまなことを解明してきました。ならばなぜそういった科学的な見地を料理には生かさなかったのか。ひょっとしたら、江戸時代中期に活躍した蘭学者で医者、発明家でもある平賀源内は、どんな料理を食べると体に良く、人は健康になるかというような統計をとっていたかもしれません。

たとえば、天ぷらなども、ポルトガルから渡来した料理がルーツだといわれています。フリッターのようなヨーロッパの料理を最初に食べた日本人は、どう思ったでしょう。「ふわふわして食べた気がしない」「なんと油っぽい」と、食べるのをやめたかもしれません。「ポルトガル人の食べ物は、やはり日本人には向いていない」と、すぐさま忘れてしまったかも。けれど、そのなかの誰かが、まねてつくるところから

「天ぷら」などポルトガルから伝来した料理
もいまや日本の代表的な料理になった。

始め、その後、料理人が改善を重ねて日本人の口に合う「さっくりして油っぽくない」天ぷらをつくり上げたのでしょう。ここに至るまでには、膨大な時間がかかっています。もし当時、渡来した「フリッター」なるものを誰かが研究して、粉の違いや水の配合など、料理自体を本質的に分析して、そのなかから日本人が料理に生かせるものを抽出して積極的に取り入れていたら、その時間は、うんと短縮できたのではないでしょうか。

外から入ってくるものを、科学的な要素や文化的な要素、世俗的な要素、宗教的な要素にいったん分解して解釈し、そこから技術向上につながるものを取り入れることができれば、われわれの料理もさらに洗練され、上質なものになるに違いありません。

いつの時代も、料理人の誉れは、「これまでに誰も食べたことがない料理をつくること」です。そういう意味合いで言うと、先人の経験から生まれたものは大切にしつつ、なぜそれがいいのかということを、理解することが必要でしょう。そして、先人がつくり得なかった料理や概念を創っていく。懐石料理が終点ではなく、時代に応じた要素を追求し、新しいものをつけ加えていくことがこれからの料理人には望まれるのだと思います。

ですが、実はそれが難しい。なぜかというと、日本料理はあまりにも時代の蓄積が大きいから。実際に、今、料理界でこうすれば味が良くなる、腕が上がるなどいわれていることは、立証されていることが多いのです。

昔は料理人も包丁人も公家や武士の邸宅に雇われ囲われていました。料理人自体のスキルを雇い主は買っているわけですから、料理人にとって自身の腕を磨くことはもちろん、新しい技術、新しい料理を組み立てることが常に求められていました。そんな人たちが新しいものをつくるのは命がけ。今の料理人よりももっと切羽詰まった状況のなかで、新しいものを生み出していったのです。今、私たちは、彼らが苦労の末に生み出した技、知恵、経験を譲り受けています。ゆえに、昔のデータをコピーしているに過ぎず、新しい料理や概念をつくらない限り、自分自身の料理人としてのアイデンティティは全く存在しません。

たとえば、炭焼きなども、高度な料理法としてもてはやされていますが、かつては、魚を炭で焼いて出すことは当たり前のことでした。どんな温度でどのように焼くかは経験でしか知り得ないことで、手をかざして火の状態を見抜くことや魚の焼ける音や香りで加減をはかり知ることも、当時すでに完成され、高い技術が習得されていたはずです。

ただし、そういった料理の改良や海外料理の技法を組み込むことも、すべて料理人の勘や経験に頼ってきたのが事実。もちろんそれも必要です。けれど、これからの時代は、それだけではいけません。世界に通用する日本料理にするためには、どんな味をどんな配合で組み合わせると、深味を増すことができるなど、きちんとしたデータをとって残すといった、科学的な見地を持つことが非常に大切です。

現代では、スポーツ選手の能力をさらに向上するために、細かくデータをとって、それぞれの体の部位ごとに適度な筋力をつけるなど、スポーツ科学は進歩を遂げています。一方で、シューズや道具なども改良を繰り返し、選手をサポートする技術も日々革新しています。料理も同じで、習練と科学的なメソッドによって料理人が個々の技術を磨くことに加え、道具や食材、味の研究も、科学的要素を加えて改良していくことが求められます。そして料理人もまた、茶道、華道、能楽などの文化的要素だけでなく、神事、仏事、和歌や近代日本文学などの歴史的な知識など総合的な目を持つことで、未踏の日本料理としての美味を追求していけるのです。

味や香りも科学が解明する時代

今、私は京都大学大学院農学研究科修士課程に在籍し「美味しさ」の研究に取り組んでいます。たとえば、関西と関東では同じ昆布と鰹節《かつお》を使ってだしをひき、同じ魚をおろして調理しても、水に違いがあるから味が変わります。けれども、水だけを飲むと、その違いはどこにあるのかはわかりません。たとえば水の硬度が関係しているといった事象を科学的に理解すれば、どんな状況にあっても、必ず美味しいものをつくることができる可能性が広がります。

先日、その研究室に、東山の「修伯《しゅうはく》」の吉田さんがふきのとうの葉を炭火で炙《あぶ》って持ってきました。それだけを食べると非常に苦い。ところが、お酒を少し燗《かん》にして温め、そこに炙ったふきのとうを入れると、そのままで飲むよりもお酒が甘く感じられる。ふぐのひれ酒や焼いた蟹《かに》の甲羅酒もまさにこの現象で、焦がして苦いものを酒に入れることで、苦味成分や焦げ臭が酒の味にふくらみを持たせてくれる。つまり、香りと味を同時に感じることで味わいの感じ方が変わるように思いました。

ところが先生は、そんなに短時間にふきのとうの苦味がお酒に抽出することはないとおっしゃる。とすると、実は焦げ味ではなく焦げた香りが、甘味を引き出しているのではないかと、考え至るのです。お酒に焦げたふきのとうを入れて時間を置くと、さらにふきのとうの苦味がお酒のなかに入って味が濃くなり、その分、余韻が長くなることもわかりました。

この実験でわかったのは、はじめの飲み口で感じる苦味と液体の中に溶け出した苦味は、まったく違うということです。私たちはこれまで、香りが味を増強させることと、実際に溶け出す味わいを一緒に考えていました。けれど、この実験では、そこに差があることが解明されました。今後はどんな甘味をつくりたいか、どんなふうにお客さまに甘味を感じさせたいかという目的にそって、苦味を利用することができるようになる。これが、科学ができる料理力向上のひとつです。

お香なども、高級な香を焚《た》き染《し》めると、はっきりとは自覚できないほど淡い香りでも、自律神経に働きかける力があるそうです。香が消えても、そこはかとなく残香が部屋にあるのでしょうか。はっきりと香りとして感じるよりも、なぜかその場所にいると心地良いと思えるといいます。香らないのに安心感をもたらすような、人の嗅覚の閾値《いきち》以下のお香使いが究極で、匂いセンサーでも測定できます。

すし屋で酢の匂いがするのは嗅覚の閾値が上昇して感度が鈍くなるから良くないといわれます。だから料理人は、酢や魚の匂いを吸って清浄な空気にしてくれる檜《ひのき》や杉などの一枚板でカウンターをつくります。切り出したばかりの香りの強い木ではなく、しばらく置いて香りが落ち着いたものがいいことを、大工だけでなく料理人も知っています。一枚板の立派なカウンターは、単に見た目のカッコ良さを追求してつくっているわけではないのですね。それら檜や杉の一枚板でつくることによる効用の違いは、科学的には検証されていません。私たちは、次代の料理人のためにも、それらをきちっと数値化して残さなければならないのです。

第一章　料理人はアスリート

料理界のイチローになるために

料理を科学的にとらえて後世に残すべきだと序章でお伝えしましたが、そこにはもうひとつ大切なことがあります。より良い情報を残し、これからの和食をもっと高めるためには、研究者たる料理人も自分を高めなければいけないということです。料理人は研究者であると同時に、アスリートでもあるべき、それも一流のアスリートを目指すべきだと私は思います。

今のアスリート、つまりスポーツ選手は10年前や20年前のアスリートとはまったく違います。どこが違うのか？　それは、科学的な見地に立って自分を律しているということです。筋肉の状態はどうか、心肺活動や食事、精神的なコントロールまで、すべて感覚ではなく、科学的な目線で検証され制御されています。

たとえば、野球のバッティングなども、ただ勘だけで素振りを繰り返しているのと、腕の角度や力の入れ方、抜き方、それに加えて、バットの重さ・材質、バッティングを向上させるための筋肉のつけ方まで計算されて行うのとでは、結果の出方が違ってきます。ただ、ここで大切なのは、アスリート自身も、そのために多大な努力をしているということです。科学的に検証されたことを、身をもって実践する。そのためには、体を鍛えることや感覚を研ぎ澄ますこと、食事制限など、自分自身が越えなければいけない山もたくさんあります。

今後の料理の世界にはまさにこの論理が必要で、科学的に解明して検証していくこと、専門家と協力して分析結果を出すこと、加えて自分を磨くことに力を注ぐ必要があります。アスリート的な要素を取り入れることは、どんな業界においても、すでに世界基準だといえるでしょう。

ただ、では誰もが科学的なことを実践すれば最高のアスリートになれるかというと、それは少し違います。ある程度の高みにまではいけますが、イチローのようなトップアスリートにはなかなかなれるものではありません。自身の努力や感性、潜在的能力や精神の制御など、さまざまな要素がからみ合い、それらが相互に作用しなければ、最高基準に達することはできないのです。

ただ、ここでひとついえることは、最高峰を目指さなければ、そこにはたどり着けないということ。イチローだって、ネイマールだって、一流といわれるスポーツマンや、何かを追及している人は、自分の五感すべての感度を高めるという目標を常に持っているものです。

五感を磨くとは

料理人にとっての五感、すなわち視覚、嗅覚、聴覚、触覚、味覚を、自分の目的にそって高めることで、料理人はよりその分野で能力を発揮できるものです。たとえば、自分の舌でどこまで淡い味を感じられるか、どこまで味のバランスを感じ取れるか。そういう微妙な料理力が五感を鍛えることで備わっていきます。

料理をつくったときに、微妙にいらない味が感じられたとして、それを消すにはどういうことが必要なのかは、自分のセンサー、つまり五感が働かなければ解決できません。それまでの経験や知識も大切ですが、加えて普段から五感を磨く訓練をしていなければ、いざというときに、味の本質を見極められないのです。

食材についている微妙な昆布のようなヨード臭、いわゆる磯の香りや微々たるアンモニア臭などを感じるかどうかによって、味のつけ方が変わります。食感についても、硬い・柔らかいの度合いというのでしょうか、どの程度の食感がその食材にとって最良なのか、その食材はどこまで柔らかくできるのかなどを、経験と科学、そして自分の触覚で理解しておく必要があります。

寒天やゼラチンなど、食材を固めるものにも、バリエーションがあります。魚由来のものや、牛肉の骨髄からとっているものなど、ゼラチンもさまざまです。低い融点で溶けるゼラチン、食感は同じだけれど融点が低いので全然口溶けが違うゼラチンなどもあって、ではどれを使うかというとき、それらを食べた経験がなければわからないし、その食感を感じられる触覚がなければ、うまく使い分けることはできません。

味を極めるというときには、必ず五感を働かせることが必要ですし、五感を研ぎ澄ますことによって料理のレベルが格段に変わっていくことは事実です。料理人も、現代のアスリートのように、分析的に自分を磨くことを求められる時代なのです。

五感と料理の関係

いったい、料理人が磨くべき五感とはどんなものなのでしょうか。まずは視覚です。料理が出されたとき、誰もが最初に感じるのが、盛りつけやその彩りの美しさ。料理屋によっては、その時季の草花を飾るなどして季節感を盛り込み、食べる人を楽しませる工夫を凝らします。

お客さまに喜んでいただくためには、器選びの眼力や色合わせのセンスが必要だということです。「赤」ひとつにしても、茜色《あかね》、紅色、朱色、洗朱《あらいしゅ》、曙色《あけぼの》など、驚くほどたくさんの色の種類があります。数ある微妙な色のうちから、その時季そのお客さまの気持ちにそうものはどの色なのか。おめでたいお祝いの食事なら朱色や洗朱、秋を表すなら茜色や紅葉色など、色の意味についても知っていなければいけません。本来そこにあるべき赤を使ってこそ、その色が生きてきます。科学的な成分でいえば、朱は硫化水素鉱物の色で、紅は紅花の染料です。

一方で、食材の持つ色を鮮やかに発色させるのも、料理人の技。昔は塩ににがり成分、つまりマグネシウムが含まれていたので、青菜などを塩水で茹《ゆ》でるとそのマグネシウムの作用で色止めの効果がありました。けれど最近はにがり成分が入っていない塩も多いことから、それに代わるものが必要になっている。そこで利用するのが、銅鍋に含まれる銅の成分です。銅鍋を使って青菜をゆがくことで、銅鍋に溶け出した銅イオンが青菜の緑の成分であるクロロフィルと結びつき、銅クロロフィルとなって色素が安定し、にがりを入れて茹でるよりもより綺麗な色合いの青菜がつくり出されます。銅鍋は綺麗であるほど銅イオンが出るので、そのためにも、鍋の内側を常に綺麗に磨いておきます。ちなみに、銅の鍋でお湯をわかすとその銅イオンのおかげでお湯がまろかやになることもわかっていて、まろやかな味わいのだしが必要なときは、銅鍋を使います。

次に聴覚。英語でいうとクリスピーやクランチという食感から生じる音ですね。ガリガリ、サクサク、パリパリといった食べるときの音もまた、食欲をそそるもののひとつ。反対にゴリッとしたら異物感を感じて拒絶することもありますし、数の子のようにポリポリと音を楽しむ食材もあります。どんな食感に仕上げて、その音を楽しんでいただくか、そこも料理人の腕の見せどころです。

調理の段階では、油の音や魚の脂が焼ける音、ご飯が炊ける音などさまざまな音を感じて聞き分けることも大切。油は何度になると音を立てるなど、科学的に追及して体にたたき込んでいきます。

そして、触覚。これは、喉越しや温かい、冷たいという体感です。つるっとした舌触り、ビールを飲んだときの喉越しの爽快感など、触覚をどのようにコントロールするかというのは、実は料理人にとって大事なところ。食感にこだわる料理人ほど、いろいろな包丁を使い分けます。骨切り包丁などは、鱧《はも》の骨を切るためだけの包丁で、6～10月にしか使いませんが、鱧の食感を良くするためには必要です。ほかにも刺身をひく包丁、野菜の皮をむく包丁とそれぞれの食材に対して最適な調理効果を生み出す包丁があり、それを使うことで、持ち味を最大限に活かすことができるわけです。

※鱧の身を損傷させることなく立たせて切ることで、鱧の焼物はほわっと柔らかくそして瑞々しく焼き上げることが出来ます。

鱧の食感を良くするために骨切り包丁で
小骨を細かく切っていく。

嗅覚、味覚は訓練すれば上がる能力

嗅覚は今料理人に求められる最大の能力のひとつでしょう。かの『ネイチャー』誌には、人間は1万種類の匂いを嗅ぎ分けられると発表されていました。実際にはそんなに多くの匂いを嗅ぎ分けるのは難しい。けれど、嗅覚は訓練でかなり磨かれることもわかってきています。私たち料理人はどのように嗅覚を発達させていくか。その訓練のひとつに、言葉を鍛えるということがあります。

フレンチのレストランで、あるソムリエがテーブル上のグラスに白いワインを注ぎ入れ、「このワインはブルゴーニュの何々という造り手がつくった2004年のワインです。はじめに白いくちなしのような香りが漂い……」と言う。そしてさらに、「そこはかとなく明るい緑の香りが感じられ、少し草いきれの香りとともに、一瞬アップルミントのような清涼感がある」というようなことを言う。大げさな言葉でワインを高価にみせようとしているわけではないのです。ワインには280種類ほどの香気成分が含まれており、彼らはその香りの組成が高度に理解できるからこそ、細やかな表現ができるのです。

先日もソムリエの田崎真也さんとお話しさせていただきましたが、味覚だけではなく素晴らしい嗅覚の持ち主でいらっしゃいました。表現力も語彙力も豊富で、そのものの香気成分をすぐに自分のなかにある「香り」と結びつける。「この料理に合う、お酒は何でしょうか」と問いかけると、すぐにいくつかのワインにしぼって答えを導き出される。「野草」なら「野草」という言葉に対して、彼の嗅覚のなかには必ずその言葉にあたる「香り」が具体的にあって、何千とあるそれらの「香り」が引き出しにソートされている。料理を食べた瞬間に、そこに潜む香りや味わいを感じ取り、それに合うワインを頭のなかの机上に並べ、最終的にはひとつのワインにしぼっていくことができるのです。それが世界レベルにいるソムリエの〝アスリート〟的超絶技巧なのです。

私たち料理人も、田崎さんのソートと同じ方法で、「香り」とそれに見合う言語を組み合わせていく努力をしなければいけません。まずは日本に存在する新鮮で状態のいい食材の味をすべて知ること、それらに「香り」の言葉をつけていくこと。まずはそんな訓練をしていくべきでしょう。

最後に味覚。味覚は人間の本能的な部分に支配されているといってもいい単純な感覚です。甘味は糖分補給のために必要ですし、塩分はミネラルですから、体の浸透圧といった生理機能に不可欠。苦味は毒物などの危険な食材であるか安全であるかを判断する味。うま味は、体を組成する20種類のアミノ酸で、体の栄養素でもあり代謝機能にも大きく働きます。そして、酸味は腐敗、酸っぱいものは腐っているという判断基準で、食の経験値が低い子供のころは酸っぱいものは危険だと脳が認識して食べられない。けれど大人になって、それが腐った酸っぱさではないと判別できるようになると、酸味のあるものも美味しく食べられるようになるのです。

さて、では味覚はどうすれば磨くことができるのでしょう。実はそれはとても簡単です。ひとつには美味しいものを食べることです。食べたことがないもの（料理）は決してつくれません。美味しく感じられないこともあります。名前だけ知っている料理をつくれと言われても、つくれないでしょう。知らない食材をいきなり使えと言われても使えません。これまで食べてきたものをデータ化して、先ほどの香りのように味わいのデータとして蓄積していく。そこから、この食材にはこの調味料が合うとソートしていくことで答えを出すことができる。味覚は人によって一番感じ方の違うあいまいなものでありつつも、多彩な味の経験値を上げて脳内で整理することによって簡単に磨くことができる能力なのです。

食材だけでなく調理中の香りも
大切な要素。

新鮮な食材の味と香りを
体にたたきこむ。

より美味しいものを追求するために

「美味しさを追求する」、とても難しいことのように思います。ですが、これも考えようによっては料理人にとって簡単なことなのです。私は、味覚と嗅覚のかけ合わせを探ることによって、五味（甘味、酸味、辛味、苦味、うま味）と匂いのコントロールができると思っています。つまり、人が美味しいと感じるもののほとんどは、味と香りの相性や組み合わせが大きく関与していて、その二つの関係性が非常に良好だということです。

実験をしてみるとわかるのが、香りの影響です。オレンジゼリーとグレープフルーツゼリーがあるとして、オレンジゼリーを黄色に、グレープフルーツゼリーをオレンジ色にする。鼻をつまんで食べると、多くの人は色だけで判断して反対だと思ってしまう。人の舌はいい加減なのです。鼻をつままなければ、色が違っていても、どちらがどちらかは識別できます。香りは味の中枢にかなりの影響を及ぼすのです。

料理をつくるとき、美味しい味をつけるのはそう難しくはありませんが、そこに香りを合わせるとなると、どんな香りをつければいいか難しくなります。それがうまく合うと、思った以上に美味しさを増幅できるうえ、奥行きのある味にできます。

まずは、経験や訓練で身につく味覚と嗅覚を磨く。補完的に視覚、聴覚、触覚を上げていくことで、全体の構図を整え、美味しい料理をつくることができます。それを繰り返すことが、きっと「美味しさを追求する」ことなのでしょう。

第二章　そもそも和食とは

昆布と鰹節は日本料理のアイデンティティであり品格

和食とは昆布を使う料理のことです。世界広しといえど、日本料理だけが昆布を使っているからです。さらに言うなら昆布の原産地は日本のみ。私は昆布が世界に広がる前に、昆布を使った料理はすべて「日本料理」だと言っておきたいと思います。それは料理の基本概念からも導かれるものなのです。

これは日本特有の環境によるものであり、魚介類、野菜類の豊富さゆえに、万能なだしの必要性が生まれたことに起因します。日本料理の基本が昆布と鰹節のだしで、これはノンカロリーですから、出来上がった料理のカロリー総量は、欧米の乳製品やオイルをベースとした料理の半分におさまっているのは、しごく当然のことでしょう。この飽食の時代に生きている私たちは、先人の教えをしっかりと理解し、形にとらわれない和食の根幹を追求すべきであると思います。

よって、気軽に昆布と鰹節をあたかも食材のひとつとして海外のシェフが使うことは、懐石料理にバターや牛乳を使うのと同じ禁じ手という意味を持ちます。つまり昆布と鰹節は日本料理のアイデンティティなのです。

日本料理は昆布のうまみ成分、いわゆるグルタミン酸、アスパラギン酸という、ほとんどノンカロリーの遊離アミノ酸を体内に摂り入れることで、満足感を得て食文化を形成してきました。その昆布の味を補完するために、魚のイノシン酸を加え、美味しさを追求したわけです。その中でもとりわけ鰹節という素晴らしい産物が室町時代にできあがりました。死んだ鰹を生の状態で置いておくと鰹の筋肉にあったＡＴＰ（アデノシントリリン酸）という物質がイノシン酸に変わります。でも長く置くとうま味のないヒポキサンチンに分解してしまいます。その酵素活性を湯がくことで停止させ、イノシン酸のまま、さらにカビによって熟成させ、今の香り高い鰹節を生み出したのです。昆布、鰹節ともに言えることは、そのもの本来の雑味を全て除去し、品格ある味わいに仕上げたことです。昆布、鰹節の味わいは高度な次元でいかなる食材にも合うように作られているのです。

会席と懐石

「会席」と「懐石」について、よくみなさん「どう違うのか？」とおっしゃいます。そう聞かれて、私はこんなふうに説明します。「お酒と料理を楽しむのが会席料理で、それに対してお酒ではなくお抹茶と風情、風流を楽しむのが懐石料理です」と。

「懐石」は、最後にお抹茶を飲むための料理ですから、料理自体は腹七分目位に留め、その後、お菓子を食べ、お抹茶を飲んで八分目くらいにしようというコンセプトの料理です。料理とともにお茶を嗜《たしな》むことは、仏教伝来とともに中国からもたらされたもので、それが「茶道」へとつながっていきました。「懐石」とは、元々、仏教的な思想が大きく反映されている料理なのです。

お抹茶を飲むための茶懐石は、多分にそのころの時代背景や政治がからんだものでした。織田信長や豊臣秀吉の時代には、お茶=権力という価値観もでき、そこには本来の茶道とは別の、新しい富が生まれていったのです。みなさんもご存じの秀吉が催した「北野の大茶会」などは、まさにその典型ともいえるもので、秀吉は全国の大名を京都に呼び、更に庶民も招き入れることで自分の力を見せつけました。またこのころは、手柄を立てると領地の代わりに、名物茶入を与えるなど、さまざまな場面で「茶」が政治にからんでいたのです。だからこそ、唯一無二が貴ばれ、付加価値の高いものが好まれる思想・芸術へと導かれていったのです。

一方、「会席」は、仏教伝来以前、つまり神道に近い日本の思想的なものが大きく反映される料理です。雨が降ったといえばみなで喜び、作物が実ったといえば飲んで楽しむ。ときには、誰かが亡くなり、その命を惜しんでみなが集まる。そんな自然や人の生活に寄り添った形で食された宴の料理が、会席のルーツなのだと私は思っています。その酒礼の名残があるから、会席料理には共同性が色濃く残り、冠婚葬祭など行事がある際に今もなお用いられます。

京都の料理屋では、茶道の思想をくんだ懐石料理を出す店が多く、一般的に会席料理を安っぽいと感じる風潮にありますが、そこにはなんの根拠もありません。むしろ、「懐石」という考え方のほうが歴史的に見れば新しいことなのです。

精進とは自分を律すること

会席や懐石以外にも、日本には、精進料理、有職料理、本膳料理などがあります。今、精進料理というと、「生臭もの」は食べない、野菜や植物性油脂やタンパク質だけでつくる料理のことだと思われていますが、本来はなんでも食べる料理でした。かつては、たとえお寺であっても鶏や肉を食べていたのだそうです。そしてそのころの精進とは、「生きとし生けるものの命のありがたさを大切に考える」ために、感謝の心を表す儀礼として、「精進日」を設けていました。

食べない食材は肉と決まっていたわけではなく、いつもよく食べているもの、野菜であることもあったようです。本来精進とは、ひとつの食物を食べない日をつくることで、その良さやありがたさを実感すること。当時の精進料理の一例をあげると、山葵《わさび》寒汁、煮染牛蒡《ごぼう》、松茸酒煎《い》り、茗荷《みょうが》酢漬などの野菜料理が並んでいたようです。自分に何かを課すること、限定することが、進歩を生み、新しい思想を生み出す根本になると考えられていたのです。

それが今のように、「肉を食べないこと」というふうに変わっていったのは、農地開拓のために必要な牛や馬を食べると労力が欠如するから、つまり肉食を止めさせるためでした。いわば、ここにも政治的な意図が働いていたということです。それがお寺の信仰と結びついてシンボリックなものになり、仏教自体が派生する段階で都合のいいように変わっていったのです。

精進料理は肉を食べないことと、今ではまるで「ベジタリアン」のように位置づけされてしまっていますが、本来はそうではなかったということです。

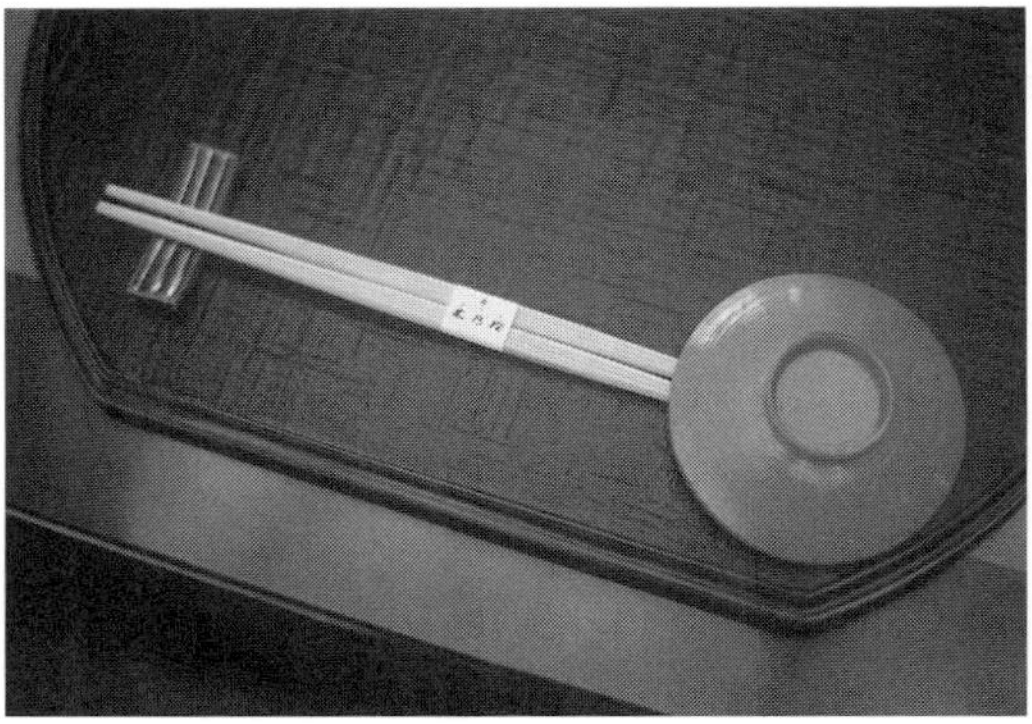

仏教が野菜を発達させた

日本人の食生活は、政治的、仏教的に都合のいいようにゆがめられた部分もありますが、ただそのおかげで野菜の栽培が急速に発達したことも事実です。奈良時代に中国から伝来した野菜はその後種類もどんどん増えましたが、鎌倉時代になると、新しい品種が入らなくなります。ところが、外から新野菜は入っていないのに、鎌倉以降も野菜料理が増えていくという面白い現象が起こっています。おそらく、それまでにつくってきた野菜で賄うとともに、日本料理に向くよう、野菜の品種改良を行ったからではないでしょうか。これら日本料理向けの野菜が増えてくると、それらを、昆布だしで炊く、椎茸のだしで炊く、煎り大豆で炊く、干瓢《かんぴょう》と一緒に炊くなど、乾物で野菜を炊く技術がこの時代に発達し、より美味しく野菜を食べる術が見いだされていったのです。

また、日本人は、牛や馬、豚などの家畜の動物性タンパク質をほとんどとらなくなった分、植物性タンパク質を食べることの大切さに気づかされます。豆腐や湯葉など中国から入ってきたものを日本の水と組み合わせて、日本独自の美味しい大豆食品を生み出しました。野菜を美味しく食べることと、植物性タンパク質をとることが、かなりのスピードで進んだことの裏には、本来の姿からはゆがめられた精進という観念がありましたが、それは日本料理の発展に、大きい役割を果たしました。質素な武士の生活など当時の時代背景もあって、野菜料理、なかでも蕪や茄子など主菜になりやすい野菜を炊く料理が発達した時代でした。そうした炊く料理の発達の後に、高い精度を持つ包丁を作る鍛冶職人、それを使いこなす包丁人が現れ、室町から江戸の間に切る調理が発達したのです。

室町時代は食べることを文化的に考える時代

室町時代以前は、儀礼的な事柄を優先し、調理法や食べ方を吟味しない時代でした。ところが室町時代以降には、昆布と鰹節の出現や腕の立つ料理人の登場により、新しい調理法が生み出され、日本料理は技術的に大きく向上しました。同時に、茶の湯の発達により、精進料理と形式的な本膳料理が再編集され、いわゆる侘《わ》び茶の精神を持つ、懐石料理が登場したのです。

江戸料理の発展

江戸時代、刀をつくる技術が飛躍的に向上したため、切る文化が江戸で発達し、寺の多い京都では炊く文化、それを合わせた割烹が大阪で発達したといわれています。

政治の中心が江戸に移り、大名たちが参勤交代をしつつ江戸で暮らすようになると、その家来である家の主人だけが江戸に単身赴任する時代になりました。地方からの単身赴任者が多い江戸では、鮨や蕎麦、鰻、天ぷらなど、個食産業が発展したのです。切って焼く、切って握る、切って揚げるなど、すぐにできる料理が江戸の食文化の主流になりました。

大阪は商人が多くて家族という単位があり、食の多様性があることに加え、食材流入の歴史もある。だから炊くことも、切ることもできたオールマイティの食文化の形態が、容易にとれたのでしょう。ただ、文化人類学研究者である石毛直道先生は、「炊くという工程から始まる伝統技法を引き継ぐ日本料理を、いまだ系統立てて考えられる資料は、京都にしかない」と、日本料理のデータが一番多く残っているのはやはり京都なのだとおっしゃいます。

京料理は炊く料理

日本料理の頂点は「煮物椀」と「造り」だといわれます。前述の通り、歴史的に見れば「煮物椀」については京都に利があり、昆布などに含まれるうま味の出るものを水分に抽出して、それで野菜や高野豆腐などの乾物を美味しく炊くには、技術と経験が必要でありました。海から遠い京都では、「乏しい食材を工夫して、いかに美味しく食べるか」ということに知恵をしぼってきました。それが京料理の高い技術や洗練された味わいをつくってきたといっても過言ではないでしょう。さらに、そこに精進という宗教的思想が加えられたことで、煮物椀は和食の一翼だと考えられるようになっていきました。

京都で精進料理や懐石料理が発展したのは、その煮物椀を支える、美味しいだしがとれたことがひとつ。だしをとるのにちょうどいい軟水が京都にはありました。野菜を美味しく食べるきっかけとなった仏教の大本山が数々あったことも要因でしょう。それにともなって、冠婚葬祭など儀礼・行事があり、また伝統文化や伝統工芸もあい

まって、今の京料理文化を形成してきたのです。

現代においても、京都の料理屋の結束の強さが、京料理を揺るぎないものにしています。京料理という固有名詞を使うことで、そこに携わる人たちのベクトルを同じ方向に向け、共通の概念を持たせることができたからです。京都の料理屋は同じ方向を向いて進んでいるから、外に向けての対応にぶれがない。京都では料理屋も代を継いで世襲され、何代にもわたって他の店と交流することで、親密度が強くなり、互助システムが構築されました。

仕出しという文化

京都の商家では、自宅へお客さまをお招きする際は、近隣の料理屋から仕出し料理を取り寄せもてなすという慣習があります。なぜなら、手料理は家族が食べるためのもので、そんな家庭料理で大切なお客さまをもてなすのは、失礼にあたると考えられているからです。

料理の内容や予算、目的などを伝えて注文しておくと、その時間に仕出し店から出

来たての料理が運ばれます。ときには、料理人を家に呼んで、料理をしてもらうこともあります。京都のもてなしには、プロの料理が欠かせないものなのです。

仕出し料理の起源

では、江戸時代に始まったと伝わる仕出しとは、どんな料理だったのでしょう。仕出し料理店は、もともとは魚屋だったところが多いといわれます。魚屋といっても、店舗を持って商う店ではなく、市場で魚を仕入れ、ご近所にその魚を売り歩く、いわゆる行商です。早朝、市場に行くときから、お客さまの顔を思い浮かべ、あの家は鯛、あそこは鰯と予測して魚を仕入れます。そして午前中に帳面をもってお客さまを回り、お客さまから「じゃあそれをお造りにしてきて」、「煮付けてちょうだい」と注文を受ける。ときには、「ついでにだし巻きも何本か巻いて持ってきてね」などという注文もあって、それらを台帳に書き込んで持って帰り、依頼に応じて料理をしてお届けするのです。

そうして毎日回っていると、この家はこの味が好き、こんな魚が好きというようなデータがたまっていき、そのデータにそって、また仕入れて売ることを繰り返す。材

料は自分の判断で勝手に仕入れるので、フルオーダーではありませんが、洋服屋が仕入れた生地で、客の好みに応じたコートをつくるような形態でしょうか。

そういう仕出しという歴史があり、それがベースになって料理屋が発達してきた。木乃婦は祖父の代に始まり、仕出しから料理屋への変遷を経てきました。ですから今、出張料理をお引き受けした場合にも、まず考えるのは食べる方であるお客さまの嗜好や量、つまりお好みです。お客さまが何を求めておられるかというデータをもとに料理を考える。出張料理はもちろん、館で出す料理も、ほとんどの仕事がそういう考えのもとで行われているから、行商時代と同じように料理屋の料理はセミオーダー方式なのです。お客さまのデータに合わせて部屋やしつらえを用意し、料理をつくります。

カウンター割烹のような少人数でやっている料理屋では、気持ちはあっても1人の料理人が1席ごとにコース料理をつくり変えるというのはかなり難しいことでしょう。けれど長年、館でのもてなしや仕出しをして調理が分業化されている料理屋なら、八寸《はっすんば》場、造り場、煮方、焼き場など持ち場の職人それぞれの持ち場のなかで特化して仕事ができ、それぞれのパーツを組み合わせて、お客さまの好みのものをつくり上げることができる。つまり、料理屋では違う種類のそれぞれの料理を同時にカスタマイズ可能な仕組みができているのです。

出張料理はもてなす亭主の好みに合わせて献立ごとに整理されたパーツを注文先に持っていき、そこで組み合わせ、最終的にひとりの料理人が味の加減を見て「亭主好み」の統一感をだしてつくり上げる。狭いお部屋でのもてなしなら、器も小さくするし、料理もそれに合わせる。料理を味わう環境によって1席ごとに料理を変えていくという形態は、ひとつのことに秀でた職人たちが集まっている料理屋だからこそできるといえるでしょう。

第三章　米と四季の食材

美味しい米の基準は、1に味、2に香り、3にこしと粘り

私たち料理人が炊き上がったご飯の良し悪しを判断するのは、こんなところです。釜のふたをとった瞬間、つきたての餅の香りがすることとお米を口に入れて噛んだときの甘い香りが強く引き立つものを良しとします。次に米の表面の艶が光り輝き、ひと粒ひとつぶがつかず離れず存在し、至るところに蟹穴なる空洞が出現していることが重要です。鼻で嗅いで目で見ただけで、食べずともその米の実力がほぼわかります。

香り高く視覚的に優れているお米は、良い味、良い香りと、ほど良いこし、粘りが存在し、いつまでも食べ続けることができます。飽きないご飯こそ、その人にとっての美味しいご飯なのです。

美味しいご飯の炊き方

1 ボールに水道水を入れる。

2 米を入れる。

3 ざっとかき混ぜてゴミなどを浮かせる。

4 水を捨てる（この工程を3～4回繰り返す）。

5 猫の手のように指を曲げてかき米をかき混ぜ、表面の糠を落とす。

材料（7～8人分）

米………３合　　水（京都の水の場合）……600㎖

6 水が糠で濁ったたら捨てる（この工程を3～4回繰り返す）。

7 黄色味がかった水が透き通った乳白色になったら米をザルにあげ、15分ほど置く。
※ただし、関東の水で炊く場合は夏は40分、冬は1時間ほど浸水し、ザルにあげ15分ほど置いてから炊く。

8 7の米を釜に入れる。

9 分量の水を入れる。

10 まずは弱火にかけゆっくりと温度を上げる。

11 沸騰直前まできたら火を強め、グツグツしてきたら蓋をとって箸で米を釜底までよく混ぜる。

⑫ 蓋をして火を弱め重石をして5分ほどそのままで炊く。

⑬ 火を止めて、いったん蓋をあけ、水分が飛んでいるか確認する。

⑭ アルミホイルをかぶせ、濡れ布巾で押さえて密封状態にする。

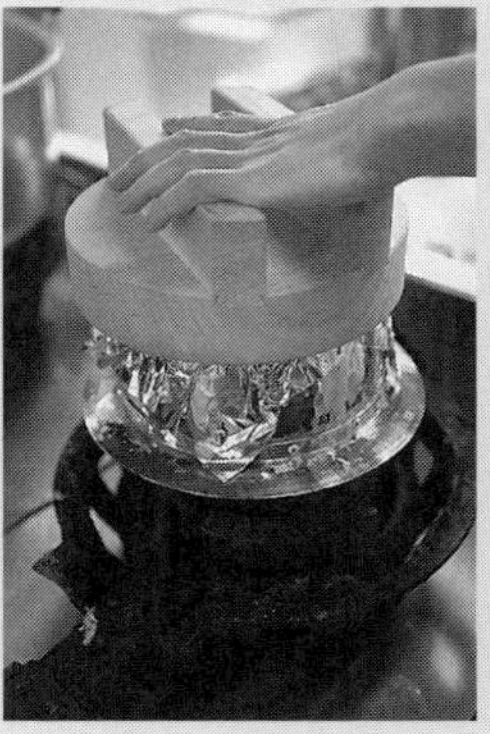

⑮ 再度蓋をしてごく弱火で10～15分蒸らす。

⑯ 美味しいご飯が炊き上がる。

美味しいご飯と水の関係

ご飯の炊き方は、同じコシヒカリであっても、その栽培地の風土によって変わりますし、炊く場所によっても違います。たとえば新潟コシヒカリと丹波コシヒカリでは、同じ水で炊くと後者のほうが柔らかく炊き上がります。これは栽培された地域の土壌の違いによるものです。次に、新潟コシヒカリを東京の水道水と京都の水道水で炊くと、後者のほうが柔らかく炊き上がります。これは、水の硬度の違いによるものです。つまり、ご飯を美味しく上手に炊くためには、まず自分の使っている水が、軟水か硬水か（60度以上を硬水とする）を知り、お米を研いだ後、軟水の場合はすぐにザル上げをし、硬水の場合はそのまま浸水して吸水させることが肝心です。その後、目盛通りの水分とともに炊き上げます。そうすることで、ご飯の仕上がりは外硬内軟の良い状態になるでしょう。

米の国、日本

日本での稲作は、縄文時代後期から始まっていたといわれています。米が大陸から渡来する以前の日本人は狩猟採集民族で、海では魚介類を、山では鹿や猪を狩り野草や木の実を採り、それらを食べて暮らしていました。それが、外国との交流によって農耕の文化が始まると、肥沃《ひよく》な土地と温暖で湿潤な気候風土に恵まれたこともあり、どんどん米をつくるようになったのです。そして、米は日本国民の主食になっていきます。

米は決まった時期にたくさん収穫できるうえ、消化性の良い炭水化物だから糖に分解しやすくエネルギー源にもなりやすい。さらに玄米であれば、お米だけで必要な栄養素をすべて摂取できて、生命を維持するのに十分な栄養がとれたのです。米と小麦からつくる麺を主食とする中国とは違って、日本は小麦栽培にはむいていない土地でした。そういう風土も手伝って、日本はアジア圏のなかでも、米を主食とした類まれなる食文化を育んだのでしょう。

日本人の素晴らしいところは、渡来した単なる栄養源としての米には飽き足らず、さらに甘くて美味しい米をつくってきたことです。肉が主食の欧米で、飽きのこない赤身の肉を調理して食べる工夫を凝らした文化があるように、日本では米を飽きずに食べるための改良が繰り返されました。時代が進むと、おにぎりやお粥《かゆ》から鮨、炊き込みご飯などの米料理も増え、それにそってさらなる品種改良も進められたのです。

小麦は炭水化物69％、脂質3％、タンパク質10・5％と味わいは深いけれど、コクがあるがゆえに飽きがきやすい穀物です。それに比べて米は、炭水化物76％、脂質1・3％、タンパク質6・8％と比較的さらりとした味わいです。

日本ではその米をさらに精白して脂質を減らし、淡麗な味わいにする。殻や胚芽を削り落としてクリアな部分だけを食べるのは、前述の通り食べ飽きないことを優先してきたからで、そうして日本人は、長年米をつくって食べ、米にはうるさい嗅覚と味覚を持つ民族になりました。

今では、ササニシキ、コシヒカリ、あきたこまち、つや姫、ミルキークイーンなど多種多様な米を食べ分けるうえ、米によって炊き加減なども調整して味わいます。日本の洗練された食文化の高さは、こんなところからも磨かれていったのでしょう。米がなければ、現在の日本料理は生まれてこなかったといっても過言ではありません。

ピュアに味わう

米がそれほどまでに日本で食べられてきた理由のひとつに水があります。東京の水でさえ、硬度が高いといっても60度で、ヨーロッパの200度の硬水とは、大きな違いがあるのです。この日本独特の水の性質が、ご飯を美味しくします。イタリア料理のリゾットやスペイン料理のパエリヤなどは、お米を洗わずそのまま鍋に入れますが、日本では必ず米を洗います。栄養素や香りもとばしてまで、お米自体をピュアにするのですが、これも日本人にとって米が主食であるからにほかなりません。

また、日本人にとっての米は、ピュアなものを求める日本人の精神を表す象徴的なものでもありました。米が豊作だと神に感謝し、神饌《しんせん》として神様に米や農作物をささげる。自然への畏敬は米が育つことへの感謝だったのです。

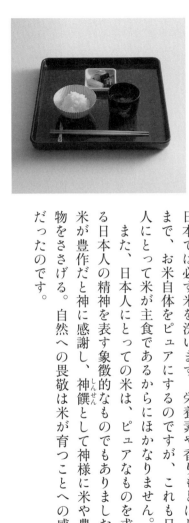

季節の食材

「季節の食材を食べましょう」とよくいわれますが、それは、旬のものは味わいも豊かで新鮮、体に必要な栄養素がたくさん含まれているからです。季節に育つものを食べることは古くから自ずと行われてきたことでもあります。江戸時代になると、自然のものだけでなく、国の政策としてそれぞれの季節に食べて栄養になるものを作るようにもなりました。たとえば、筍《たけのこ》などもそのひとつで、もともとは赤土の荒れ地で作物が育たない赤松の林だったところを、その松を抜いて竹林にしたといわれています。そのおかげで、秋に採れるはずの松茸は減ってしまった。当時は栄養価の低い松茸よりも、春に育って栄養になる筍を選んだのです。

自然発生してきたように思われる野菜であっても、実際には人が植えつくってきたものであることが多いのは、春先にこれを摂ると体の調子が良くなるなど、先人の経験が生かされているからでしょう。

春は苦味の野菜

春に芽吹く山菜などを食べるのは、冬から春への急激な季節変動に身体機能を順応させるためです。春先に芽吹くものは、「苦味」成分が多いといわれます。山野草や菜の花、筍など独特の苦味と香りのあるものが育ちます。そして、同時に若布や海藻などの食材も最盛期を迎えます。そこで、筍と若布、筍と木の芽などを組み合わせて美味しい料理を生み出してきました。これも、苦味のある春先のものを食べるためのひとつの工夫です。また春は、魚も産卵期を迎え脂がのってくる時季で、その魚の脂分を活かして、山菜の苦味をマスキングします。「鯛と筍のあら炊き」など、脂のあるものと苦味のあるものを合わせて美味しくし、巧みに苦味を食べさせます。

精進物なら、胡麻《ごま》和《あ》えや白和えがそういう料理です。わらびやぜんまいなどの山菜に油脂分のあるものを合わせて食べやすくし、栄養素バランスをコントロールしてきました。苦いものが育つ時季で、それも栄養素のひとつだから、取り入れるために工夫を凝らす。和食の知恵は、本当に体思いです。

夏の野菜は水分が要

夏には、賀茂茄子《なす》や胡瓜《きゅうり》など水分をたっぷり含んだ夏の野菜を食べなさいといわれます。瑞々《みずみず》しいその水分が夏野菜の醍醐味《だいごみ》で、汗をかく季節には、野菜から摂る栄養素を含んだ水分も大切なものだからです。

6月以降、夏の間は魚が少なくなることも、野菜が中心になる理由です。京都の市場で手に入る食材として鱧、すずき、鮑くらいしか魚介類がありません。鮎など川魚を献立に取り入れるとともに、椎茸《しいたけ》を炊いたり、胡瓜を胡麻和えにするなど精進物をたっぷり摂るのもそんな環境があったからです。

7月になると、夏向きに品種改良をして育てた賀茂茄子などの野菜が全盛期を迎え、そこに少しの魚や鶏肉、豚肉などを上手に合わせて工夫をしながら、「瑞々しさ」を感じる料理をつくります。

秋は香り

秋の食材の特徴は2つの「香り」です。それは、「きのこの香り」と「焼けた香り」。日本人は、太古の昔から春の山菜と、秋の木の実やきのこなど自生するものを食べてきました。ですが、それらは生では消化が悪く食べられない。春の野菜はゆがいてアクを抜いてから食べますが、秋のきのこは焼くと美味しくなるので、当初は、直火で焼く、その後は湯をわかして茹でるなどして食べたのだと思われます。

秋は枯葉の季節ですから、肉や魚を焼くときに落ち葉を加えていろいろな種類の落ち葉の香りを食材に移して楽しんだことでしょう。焼くという調理法は、自然発生的に生まれてきたわけです。

同時に秋は脂ののった魚がどんどん登場してきます。魳《かます》、鰆《さわら》、鯛などお寿司にしたり、きのこと一緒に味噌焼にして食したりします。味も豊かになると、香りにも深みのある香りを合せたくなります。

冬は甘味とコク

冬は「甘味」と「コク」を楽しむ季節です。甘味は野菜で、コクは魚。コクというのは、味ではなくて奥行きというかふくらみ、私はそれは魚の脂がもつ香りだと思っています。それも、精製した油ではなく、食物のなかに自然に含まれている遊離アミノ酸などいわゆる美味しさの成分の中に、その素材特有の香り成分が溶けたものがコクを出してくれているのだと考えられます。

冬になり気温が下がると、野菜は、その寒さから身を守るために水分を減らして糖分を凝縮させます。なぜなら、水分よりも糖分は凍りにくいから。マイナス5度以下になると野菜は割れてしまうのですが、そこを修復するために糖度を増すと考えてください。

大根や蕪《かぶ》などが地中で育つのはそのためで、地中奥深くから水分をとり、少し出した頭から光を取り入れて育っていきます。だから、冬の大根や蕪は水分が少なくなる分、こっくりとしてふくよかな味わい、甘味がぎゅっと凝縮して、どうしてこんなに甘いのかと思うほど美味しくなります。本来、食べてもらうために糖分を高くしているわけではなく、自分の体を守るために糖度を上げているのですが、これが私たちには恵みになる。

そしてこれら甘味のある野菜と脂ののった魚は非常によく合います。鰤《ぶり》大根、鯛蕪《たいかぶら》などがその良い例で、冬ならではの自然の美味しさを取り込んだ料理です。大根や牛蒡など根菜は、体を温めるともいわれ、煮物や鍋にして味わうと、さらに体が温まります。

旬の魚の脂を生かす

イタリア人はオリーブオイルを何にでもかけますが、日本には食べ物に直接油をかける食文化はありません。けれど、栄養素的には、タンパク質に加え、炭水化物や脂質が必要です。だから、日本人はその脂質として、大豆に含まれる植物性脂肪分や魚の脂に含まれる動物性の不飽和脂肪酸を多くとってきたのです。

特に、旬の魚には脂があります。西洋料理では、魚にも油をかけてソテーするため、油のなかに魚の香りがうつって、魚と油が一体化したものになります。日本料理の場合は、油はほとんど使わず、魚の脂そのものを食べるので、旬のものを食べないとコクを感じられないのです。旬を外れた鰆や鰤の焼き物を食べてパサパサだったことはありませんか？　調味料はできるだけ加えずに調理をするのが日本料理の基本。本来の食材に含まれている油脂分を美味しくいただくことに重点を置き、素材の持ち味を感じます。

素材を生かしてこその料理

日本は食の多様性がある国です。気候も亜寒帯から亜熱帯まであり、気候の変化が大きい。野菜は160種類もあるし、魚に至っては300種類を超えています。もし茄子を千両茄子、賀茂茄子など分けて数えるともっと数は増えます。料理人が使う野菜が年間500種類あるとすれば、1カ月に40種類の野菜が存在するのですから凄《すさ》まじい。魚も、300種類で調理が難しいものを抜いて240種類としても、1カ月20種類の魚を扱います。そこに、鶏肉や牛肉を使う日が入ってくると、献立に迷いますね。これだけ、野菜や魚をさまざまに食べ分けできる国は珍しい。だからこそ、素材重視になるのです。

ところが、海外に行くと調理に使える魚は非常に少ない。そうなると、先進国において飽きずに文化的な食生活をおくるには、調理技術やシェフの創作に頼るしかない。つまり、食材品種が少ない国ほど食文化を高める創作活動が活発になるというわけです。

食材が豊富な日本では、それぞれの食材の必要な部分と消し去りたい部分を見極め、洗練度を表現することに終始すればいい。ただし、その見極め方が実は相当難しいのです。

恵みへの感謝、自然との共生

季節の食材を使い、食材そのものの特徴や持ち味を素直に出した料理は、食べ手の食材に対する感謝の念を引き出します。たとえば、懐石料理などに出される八寸は、旬の食材を用意することで、山の神様、海の神様に感謝しましょうという意味を盛り込みます。和食の料理人は西洋料理ほど自己表現しなくても、食べ手を感動させることができる。食材そのものの良さをうまく引き出すことができれば、それがより自然な美味しさにつながるからです。そのためにも料理人は、食材に対する知識を増やし、その良さを知らなければいけません。

下処理の仕方、料理の仕方をまずは覚え、それらをどこまで美味しく仕上げるかに苦心する。1年に一度、1カ月だけ扱う食材なら、来年その1カ月が巡りめぐってくるまでの間に、去年と違うことを試してみることも必要でしょう。それをどのように開花させ次の年に生かすか、それも料理人の楽しみのひとつなのです。

ただし、海のものも山のものも、自然環境によって変化するもの。つまり日本の食は、自然との共生であって、ともに生きるということが大きなテーマです。

この時季は、これがとれるから食べるというのが、本来の食だと考えると、温暖化や異常気象などによってその時季のものが獲れないということになると、不自然な食生活を強いられます。夏が暑すぎたり、冬が寒すぎると、寒い初春や暑い初秋になって、魚がいなくなります。そんな不自然さをどう打破して「楽しく」食べるか、それはこれからの料理人が考えていなかなければいけない課題のひとつ。今、自然がどういう状況にあるかを認識して、そこを切り取って表現するのも料理人の使命なのでしょう。

第四章

味の解明

味覚は「喜び」を得るためのセンサー

本来人がものを食べて「美味しい、楽しい」と感じるのは、栄養素を体に取り入れることによって脳が興奮するからです。そのとき口に入ったものが、栄養素として必要なものか、あるいは不要で排除すべきものなのかを感知するセンサーの働きをするのが「味覚」です。

では、人にとって不要なものはというと、それは毒であるか、もしくは腐敗物。それらが口に入ったことを警告してくれるのが、苦味と酸味なのです。苦味が含まれた食物を子供が食べないのは、毒が危険だから。ただ、大人になると、苦いもののなかでも毒ではない食べ物がわかるようになっていき、その苦味を楽しめるようになります。たとえば、苦いものは、甘味が一緒になると、甘味を複雑化させ、それ自体の美味しさを増幅させる効果があることもわかっています。チョコレートは、苦味があるから美味しさ（食べやすさ）が増えるなど、苦味をともなった複雑で高度な味は食べ飽きません。また料理を辛さに引っ張る場合もあり、苦みが入ることによって、味が複雑化されて高度な味になります。

一方、酸味は腐敗の味です。小さいころに酸っぱいものが嫌なのは、本能的に腐っているものを食べないというセンサーが働くから。特に男の子は酸っぱいものを嫌います。けれど、これも苦味と同じく、大人になると腐っているのか発酵しているのかがわかるようになり、食べられるようになっていきます。レモンなどクエン酸は腐った酸味ではないので、大部分の人はこの酸味から食べられるようになり、酸味に慣れます。「鮒寿し」やぬか漬けなど乳酸発酵しているものは、後追いで好きになる酸っぱさ。米酢や醸造酢が好きになるのは大人になってから。酸味自体もまた、味をまろやかにするなどの効果を持っています。

また、ひとつの味に偏ることとは、イコール栄養素が偏ることなので、味覚の働きで、同じ味に飽きさせることで、それ以上ひとつの栄養素を摂らないよう制御します。調理をしてバランス良く味をつけるのは、栄養バランスを整えるという効果もあるのです。

四季の味が喜びにつながる

食べるものを美味しいと感じたり楽しむことができるのは人間だけに与えられた能力で、これがいわゆる文化です。基本的には体を維持するために食物をとるのだけれど、「美味しい」と感じることで、それを文化としてとらえるわけです。

世界のなかでも、日本は特に味の楽しみが豊富な国。なぜなら四季があって、それぞれの季節の食材があり、その味を区別して楽しむことができるからです。気温や湿度などさまざまな環境条件に体を対応させるために、人は冷たいものや温かいもの、さらさらしたもの、しっとりしたものなど体に必要なものを欲し、求めたものが体に入ると、それが「喜び」につながります。

季節の多さが味を複雑に

薄味が基本の和食でも、夏場は塩、冬場は醤油を多めに使います。なぜなら体がそれを欲するから。暑い夏は汗をかくから塩でミネラルを補給し、体を温める必要がある冬には、コクのある醤油を補う。料理人は、自然の気候風土を鑑み、春夏秋冬の気候に合わせ味つけも変えて料理を食べさせる努力を重ねてきました。そして、その結果として、和食は驚くほどの味のバリエーションやコンセプトを増やしたのです。

さらに食文化が進むと、春と夏、夏と秋、秋と冬、冬と春という季節の狭間にもコンセプトを生み出すようになります。そうなると、それらコンセプトの数だけ塩梅《あんばい》が求められ、和食の味はどんどん複雑化していきます。もしこれが2シーズンの国なら季節の境目を入れても4コンセプト、1シーズンの国には境目がないから料理のコンセプトもひとつですみます。野菜や魚の品種も少ないうえ、気候が変わらないから、生理機能的にも調理方法や味つけを変える必要もありません。

中国から渡来した二十四節気という考え方も塩梅の複雑化に追い打ちをかけました。日本人は二十四節気をさらに細分化させて、七十二気候という区分を生み出したので

す。春の名残りや、走りの夏など繊細な季節の移ろいを大切にすることで、新しい料理コンセプトを次々と生み出し、和食を文化にまで高めたのです。
日本のなかでも暑くて寒い京都では、それらの味がさらに複雑化していったと思われます。制限され制約されたなかで、いかに美味しく食べさせるか、それが料理人にとってのひとつの課題だったのです。

味と香りの関係

嗅覚が優れてくると、料理をしているときに、ちょっとした嫌な香りも敏感に感じ取ることができます。その微妙なニュアンスを感じることができれば、嫌な香りの原因を考えるようになる。そして、ついにはその原因を取り除いてから調理することができ、結果的に美味しい料理をつくることができるようになるのです。

だから私は、和食の料理人にも、ソムリエの資格をとることをすすめたいのです。ソムリエは単なる資格ではなく、自分の料理の技術を上げることに直結すると思います。美味しいワインを飲み、このワインに合う料理とはと考えておくことも料理力を鍛えることのひとつであり、新しい発想を生み出す源泉になります。ソムリエスクールに行くと、ワインの色、つや、粘性と、3つのポイントを見ることを教わります。また、香りの表現についても、花や草、土にたとえるなど、ワインの世界は香りを表現するワードが非常に多い。日本酒の香りの成分250に対してワインは500もあると言われており、その差がワードの差にもなっています。

では、どういうふうに香りを嗅ぎ分ける訓練をするのか。レストランに行っておすすめのワインを飲んだときに、ソムリエから「干し草の香り」と言われると、「そういえばそんな香りがする」と思うわけです。能力のあるソムリエは、同じハーブの香りでも、タイムやバジルなど細かくその強弱まで嗅ぎ分ける嗅覚を持っています。そんなふうになるには、多種類のワインを飲むことも必要で、飲んでそのときに、経験のある人に香りのワードを聞き、それを繰り返して覚えていく。知りたいから続けていくと鍛えられていき、料理人としての嗅覚が上がっていきます。

私も、ソムリエからシニアソムリエになろうという頃、気がつくと確実に香りのワードが増えていたように思います。また、ワインの香りを感じるべく勉強していると、香りが人の感じる味覚に大きく作用していることがわかってきます。

日本酒の性能

ワインのようなマリアージュを必要としないのが日本料理と日本酒の組み合わせです。なぜかというと、まず日本酒の歴史を見ても、魚に従属できるようにつくられています。脂ののった魚の塩焼きに酢橘《すだち》のような柑橘《かんきつ》を合わせると、淡麗から中程度の日本酒まで合わせられます。そして、醤油とみりんのつけ焼き、さらに味噌まで加わると、その味の複雑性ゆえ、ほとんどすべてのタイプの日本酒に合います。

では、野菜はどうでしょう。胡麻和え、煮物、揚げ出し茄子、意外と寄り添いません。その場合、茄子とにしん、鰤と大根などのように野菜と魚を炊き合わせると日本酒に合ってきます。それでは鶏肉、豚肉、牛肉はどうでしょう。鶏肉はなんとか合いますが、豚肉はしゃぶしゃぶにでもして脂を落とさないと口のなかに脂が残り、食べ進めません。さらに牛肉は難しい。これは、肉の油脂分の融点によるものです。鶏肉の融点は30～32度、豚肉は28～48度、そして牛肉は40～56度です（『新装版「こつ」の科学』柴田書店２００６〔公益財団法人 日本食肉消費総合センター より〕）。口中の温度は30～40度未満ですから、鶏肉の脂は溶けますが、豚肉は溶けにくく、牛肉は舌の上にのったままでです。肉類を食べるときは酸味で流す白ワイン、もしくはタンニンで流す赤ワインのほうが好ましいと言えます。その点、魚の油脂分は常温で溶けるので、冷酒であっても口中がさっぱりするのです。

もう一つの方法として、すき焼きや焼きとりなどの肉類を食べたいときには、口中の脂を溶かすために日本酒を燗にして飲むと良いでしょう。このお酒の温度帯をコントロールすることで肴と合うよう調節できるのも日本酒の大きな長所です。

そして構造的に日本料理は、素材の持ち味をそのままストレートに表現することに長けている料理で、その余韻を伸ばすことにお酒は終始します。そこに柑橘系のワインや、芋の香りの強い焼酎など第3の味を合わせてしまうと、素材感がなくなってしまい、日本料理の魅力を損ねてしまうことになります。食材がもともと持っている味と香りをそのままずっと続かせることで自然感を出すのが日本酒です。

日本酒の蔵元さんなどは、ときに「日本酒は料理を引き立てる脇役だ」とおっしゃいます。けれど、脇役という以上に、料理の持つ良さを伸ばす、つまり余韻を引き出すのが日本酒です。お酒がなかったら刺身を食べられないし、お酒を飲むことで、魚の旨味や脂がすーっとゆるやかに消えた後も、香りはなだらかにあとを引きます。香りが残り味が消えることで更にくり返し食べたくなるのです。

鰹の風味があるだしで炊いた筍には、本醸造などのぬる燗が合う。筍を炊くときに少しお酒を入れ、その甘さで炊いて、最後に追鰹をするから、燗をつけたお酒とよく合い、筍や鰹の余韻を長くします。食材の味わいを切りつつ、うまくフェードアウトさせて、香りをふわっと残す。それが日本料理と日本酒を合わせたときの綺麗な味わいになります。

ワインのなかにも、もちろん和食と合うものもあります。ただ、ワインを飲むときは、少し塩分や油脂分を足すか、香りを強くする、粘性を上げるなど4パターンのうち、いずれかが必要です。日本料理店でワインを飲むときは、お店に伝えて料理も合わせてもらえば、素晴らしいマリアージュが得られるでしょう。

食材と調味料のバランス

季節によって調味料の分量を加減するなど、美味しい料理には最適な調味料のバランスが存在します。きんきやのどぐろといった魚の脂は独特で、そういう脂の強い魚は、醤油や砂糖を強くすると、食べられない濃さになってしまいます。甘辛さばかりが際立って、美味しさのバランスが崩れるのです。だから、脂の強い魚を調味するときは、油やみりんをひかえめに、砂糖はほとんど使わない。そうすると、塩と脂のバランスが良くなって美味しく調理できるのです。そういう意味で、常に魚の持つ脂を見極めることが肝心です。

たとえば鯛に脂がのっている時季に鯛のあら炊きをつくるとしたら、まず酒とみりん、少しの砂糖だけで炊きます。水は使わず、最後に濃い口醤油を入れて仕上げる。水で割ってしまうとバランスが悪くなって味がぼけてくるのです。醤油を加えることでグルタミン酸のうま味を足す。そのバランスを保ってくれるのがお酒だから、あら炊きはお酒で炊く。鯛の頭1尾を炊くとして、お酒は1ℓも使う。酒と醤油の比率は、お酒5に対してみりんが1、醤油が0・5　砂糖が0・5。けれど、その時季の鯛に適した黄金比があり、そのバランスが何より大切です。

食感と味

食感もまた「美味しさ」のひとつです。食感が楽しいとよく噛んで食べるから、食物に唾液がまざって、そのなかのアミラーゼという酵素が、デンプンをぶどう糖に変え、甘味を増します。更に口中で新しい香気成分も創出します。つまり、咀嚼《そしゃく》は食を美味しいものにするとともに栄養価を摂取しやすくするものでもあるのです。そんな咀嚼を促す方法として、また料理を飽きさせない工夫として、料理人は食感を大切にしてきました。

ただし、食文化が違うと食感に対する感じ方もまた、まるで違ってきます。たとえば、欧米人は、お餅のようなものを普段食べないので、初めて食べたときに、「まるでガムのようだ」と言って嫌がります。人は経験したことのない食感を気持ち悪く感じるものなのです。

赤ちゃんが最初に口にするのは、母乳やミルク、その後、離乳食として流動食など柔らかいものを食べるようになり、歯が生えてくると、噛めるようにもなります。そんな成長過程のなか、どんな味、どんな食感の料理を食べるかで、嗜好は大きく変わ

ります。食感も成熟すると、それを美味しいと感じられるようになりますが、味覚と同じで、経験した人にしかその感覚はわかりません。食感に関しても、経験値が高ければ高いほど、良いものも悪いものも記憶して生かすことができるのです。

和食には、蓮根やたくあんなど食感としてコリコリしたもの、サクサクした海老の天ぷら、ネバネバした納豆、ツルツルした素麺、プチプチした数の子、ニュルニュルした若布、モチモチしたおはぎなどもあって、いろいろな食感の料理を味わえます。最近では、醤油やポン酢をジュレにしたり、泡にしたりと、日々新たな食感が生まれています。

第五章

日本独特の「だし」について

和食の要は「だし」

海外で求められる和食の基本は、「美味しいだし」です。ここ10年ほどの間で、海外の富裕層はだしの味がわかるようになってきました。肉の旨味や野菜の旨味と、旨味にもいろいろあるなかで、日本特有の美味しさは鰹と昆布のだしだとみなが気づき始めたのです。

なぜ10年前に和食がヨーロッパに行ったころは通じなかったものが今は通じるのか。それは、明らかに彼らが和食に慣れてきたからです。よく考えてみてください。私たち日本人も、最初はイタリアの青かびチーズであるゴルゴンゾーラが食べられなかった。ところが、何度も食べるうちに美味しく感じるようになったのと同じだと思ってください。海外でもきちんとした料理をだす和食店がたくさんでき、それを好んで食べる人たちが増えたことで、だしの存在が明らかになってきたのです。

海外で日本のだしが「美味しい」ということが広まると、次は、ではどんな昆布が美味しくて、どんな鰹を使えばいいのかという段階がきます。そうすると、海外でも昆布と鰹の需要が増えることになるでしょう。

美味しい「だし」のひきかた

1 水に昆布を入れ、２〜３時間置いてから火にかけ、60度くらいの温度を保ち、1時間程度煮る。

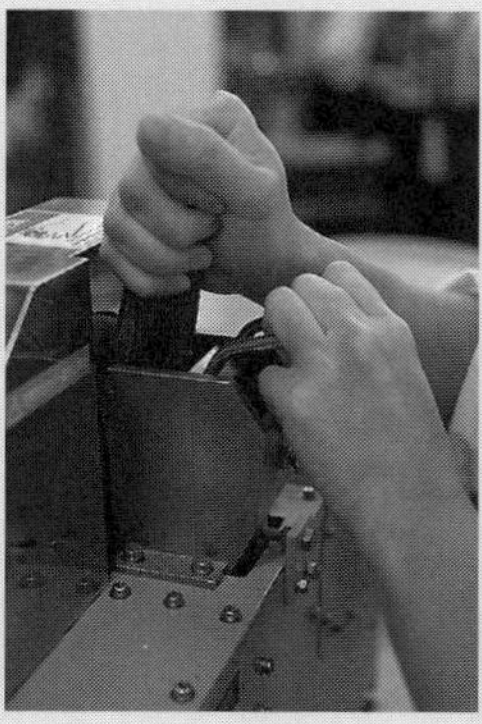

2 この間に、鰹節を削る。

3 より薄く長く大きな断面で削ると、だしが濁らない。

材料（お椀で10人分）

水………1.8 ℓ　　鰹節……50 g
昆布……30 g

4 1の昆布を引き上げる。

5 澄んだ昆布だしがとれたら、強火にする。

6 5が90℃まで上昇したら3の鰹節を入れ火をとめる。

7 浮いている鰹節をはしで、丁寧にだしに浸す。
※ただし、関東の水で炊く場合は、置かずにそのまま釜に入れて弱火をつけたままにしておく。

8 鰹節の味の出具合を見る。

9 8のだしをこす。

⑩ 美しい黄金色のだしができあがる。

だし特有の「うま味」という味

昆布と鰹節のだしに醤油とみりんを入れてつくる天ぷらのつゆなどは、玉ねぎ、鶏の赤身、葱《ねぎ》、蕪《かぶ》、人参、魚の骨、茸類、バニラビーンズといった数種類の野菜と肉類、魚類を合わせれば、昆布と鰹節がなくても、同じような味のつゆをつくることができます。けれど、実際に調理をするときは、やはり洗練された味わいの昆布と鰹節のだしを使います。なぜなら、それ以外のものでつくっただしは、味がこってりしていて食べ飽きるからです。

昆布と鰹節のだしを毎日食べても飽きないのは、昆布や鰹を長期熟成させることで、アミノ酸が細かく分解され、バランスのいい味になるからです。昆布と鰹節のだしは100g中7キロカロリーしかないのに、十分満足できて、かつ体にもいい。魚や野菜などが体にエネルギーになって入ったものに反応して代謝を促進させるものなのです。

だしと食材の相性

料理をつくるとき、まず第一に考えるのは、昆布と鰹節でとっただしと食材の相性です。食材を見て、これとこれが合うと考えるより、昆布と鰹節のだしに合うように調整することが多い。なぜなら、料理のなかで一番洗練度の高いのがだしで、そのだしに合わせることが料理の味を高めることになるからです。

では、洗練度の高いだしをひくには、どうしたらいいか。まずは良い昆布と鰹節を使う。昆布はコクと香りの奥行き、清々しさがある利尻の昆布、鰹節はいい餌を食べている鹿児島の鰹でつくったもの、コクもキレも酸もある。にぼしや精進のだしもあるけれど、昆布と鰹節でとるだしが一番上品で、香気成分が複雑でありながら味の洗練度が高い。鮪節は味は強いけれど、香りが弱い。香りを重視するか味を重視するかによって使い分ける必要があります。ただ、味か香りかは嗜好なので、どちらにしても洗練度が肝心です。

素材感を出しつつ、うま味を足して、邪魔にならないのが昆布と鰹節のだしです。ほうれん草を炊いたものに干ししいたけの香りがしてしまうと台無しですが、鰹節はほうれん草の味を上手に引き上げます。だから誰もが鰹と昆布のだしを使いますし、食材を考えるとき、だしとの相性を一番に考えるのです。そうすることで、食材の香りと味が引き立ちます。そのだしを飲むことに留意したのがお椀で、日本料理の品格を味わう料理といえるでしょう。

日本料理の特異性

今までの日本料理に関する説明の通り、出来る限り調味をせず、素材本来の姿を損なうことなく、味と香りさえもそのまま残すのが日本料理であるということは、皆さんにも分かって頂けたと思います。ですが、そうはいったものの何故、日本料理がその姿になったのかについて根拠がありません。そこで私はその理由を追究するために、海外の料理において、日本のだしに相当するものとの成分比較をしてみました。するとその結果、見事に日本料理のみに存在する特異性が浮かび上がってきたのです。例えば、一般的に西洋料理のコンソメを作る食材は、フォン・ド・ヴォー（仔牛のだし）、フュメ・ド・ポワソン（魚のだし）などのように、牛や魚の主たる食材以外に玉葱、エシャロットやセロリなどの香味野菜やタイム、ローリエ、香辛料を加えだしを取ります。一方、頂湯《ティントン》を作る材料は、鶏がら、豚肉、金華ハム（中国、浙江省の金華地区で生産され、イタ

■各種だし中のアミノ酸とイノシン酸　　資料提供：NPO法人うま味インフォメーションセンター

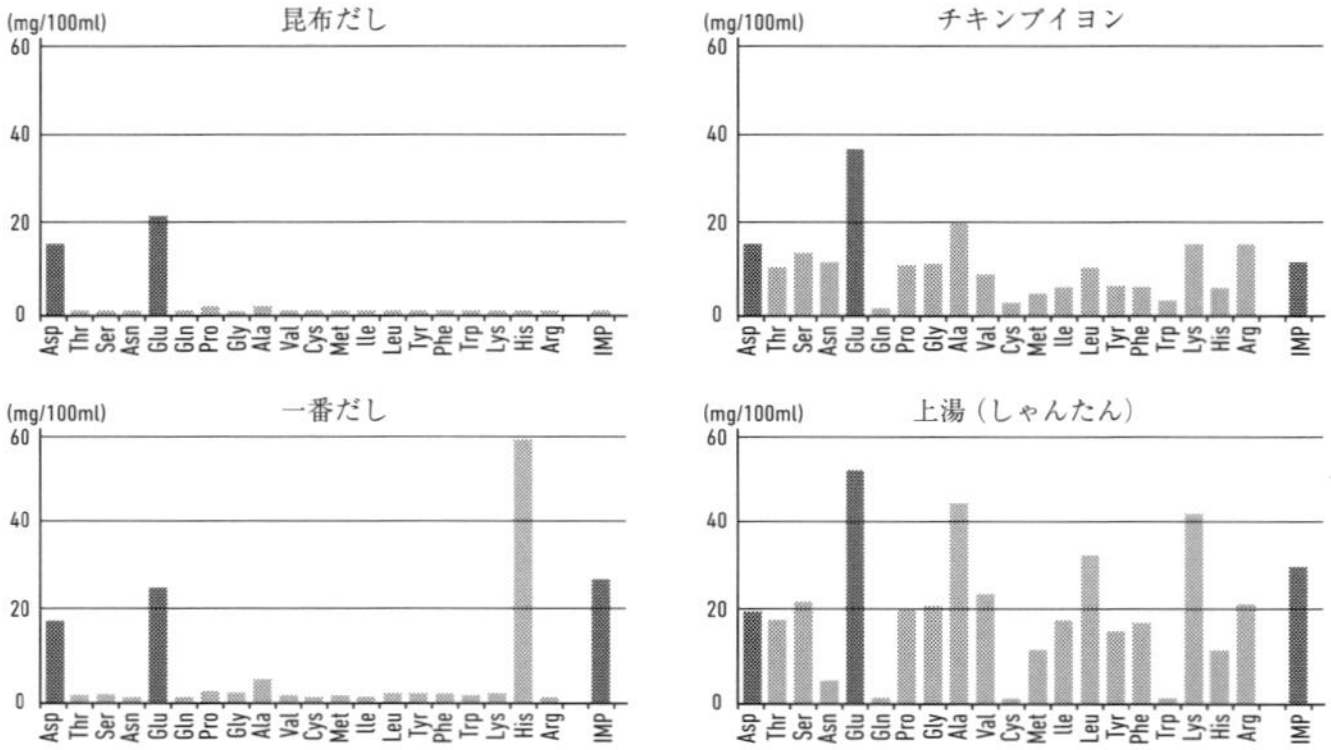

リアのプロシュット・ディ・パルマ、スペインのハモン・セラーノと並んで世界三大ハムの一つとされる）の肉類のみで野菜や香辛料を使いません。要するにフォンには、魚や肉や野菜由来の遊離アミノ酸が複雑に溶けこみ、頂湯には肉類の遊離アミノ酸が複雑に溶け込んでいることになります。

この図の通り、西洋料理や中国料理のだし（チキンブイヨン、上湯）は様々なアミノ酸が含まれた組成を持ちます。両者とも様々な素材からあらゆる成分を抽出しているため、遊離アミノ酸はうま味だけでなく、甘味や苦味など、異なる味質を含み、複雑味として存在しているのです。一方、日本料理のだしは至って単純です。これも図の通り、突出して多い成分はうま味物質であるグルタミン酸、アスパラギン酸、イノシン酸が多く、その数値基準で考えれば、その他のアミノ酸は無いに等しいと考えられます。天然素材からの抽出であり人工的な添加処理を全くしないにもかかわらず、非常に純粋であるといえるわけです。

実は、この日本のだしの純粋さは、素材本来の味わいの妨げには全くならないのです。例を挙げてみます。蕪をコンソメ、上湯で煮た場合、蕪の味質に元々含まれていないだし由来の非常に複雑なアミノ酸が加わるため、蕪本来の味わいが埋もれて、コンソメや上湯の味質に支配されるのです。しかし昆布と鰹節のだしで炊いた場合、だしの成分が単純であるが故に、蕪本来の味質はほぼ変わらないのです。つまり、日本のだしは素材の味を覆い尽くすことなく、素材の味の輪郭をより明確にしていることが分かったのです。そのため、おせち料理のように、ほとんどの料理に同じだしが用いられていても、海老、椎茸、人参、蛸、数の子など、どれを取ってみても素材の輪郭は崩れることなく、全て同じ味にはなることも無いので、それぞれが違う風味として成立するのです。

よって、西洋料理・中国料理は素材を活用する料理であり、日本料理は素材を活かす料理であるといえるのです。これこそが日本料理の特異性なのです。

昆布と鰹の話

以前、青森など東北の昆布産地をめぐってその品質を確かめたことがあります。昆布自体は北海道と同じ品種の真昆布なのに、青臭さが残っていて、だしをとると美味しくならない。そこで、「何が違うのでしょうか」と、老舗の昆布問屋さんにお聞きしたのです。すると、「それはつくる人のモチベーションではないでしょうか」とおっしゃいました。ある程度は育つ海のせいもあるかもしれないが、つくる人たちが「自分たちは漁業を主な仕事でやっていて、昆布はその合間につくっているもの」あるいは「安くて家庭で使える昆布はつくっているが、料亭などで使うものはつくれない」と思っているからだというのです。

けれど、もし青森の昆布の品質を上げることができたなら、昆布業界は一変します。浜でいい昆布をとり、干して、乾いたら裁断して保存し、その後出荷という流れを北海道と同じような状態にすれば、青臭さがとれてだしにも使えるようになるはずです。それが評判になれば、ビジネスとして成立するし、共鳴してくれる若い人を育て、いい商品をつくって海外にも販売することができ、町興しにもつながります。

和食を今以上に海外にも広めるためには、まず美味しいだしをひくことが必要で、そのためには、大量の上質な昆布と鰹節が必要です。第一産業の部分から活性化させなければ日本料理の更なる発展は難しいといってもいいでしょう。

だしのテイスティングチャート

		羅臼昆布　水出し1日	羅臼昆布　65℃ 1時間	利尻昆布　水出し1日
外観	清澄度	澄んでいて透明	澄んでいて透明	澄んでいて透明
	濃淡	やや薄い	やや薄い	やや濃い
	ディスク	光り輝く	光り輝く	若干の鈍さ
	粘性	中程度	中程度	やや高い
	色調	非常に薄いグリーンイエロー	非常に薄いグリーンイエロー	薄いグリーンイエロー
香り	健康度	健康的な香り	健康的な香り	健康的な香り
	アロマティック	特になし	特になし	特になし
	強弱	弱い	弱い	弱い
	熟成度	少し若い	少し若い	少し熟成している
	複雑さ	単純	単純	複雑
	内容	非常に弱い磯と海苔の香り	弱い磯と海苔の香り	弱い昆布の甘さと香ばしさの香り
味わい	口当たり	やや強い	強い	中程度の弱
	甘塩度	やや薄い甘口、しっかりとした塩味	薄い甘口、しっかりとした塩味	程よい甘さと塩分
	酸	なし	なし	なし
	フレーバー	非常に弱い	微弱な昆布の香り	程よい強さ
	コク	やや強い	強い	中程度
	バランス	偏りがある	偏りがある	非常に良い
	複雑さ	単調	やや単調	やや複雑
	余韻	短い	短い	長い
結論	品質	中品質	中品質	高品質

		利尻昆布　65℃ 1時間	真昆布　水出し1日	真昆布　65℃ 1時間
外観	清澄度	澄んでいて透明	澄んでいて透明	澄んでいて透明
	濃淡	非常に濃い	薄い	濃い
	ディスク	光り輝く	光り輝く	光り輝く
	粘性	非常に高い	やや低い	高い
	色調	薄い茶色とオレンジがかったレモンイエロー	非常に薄いグリーン	非常に薄い茶色がかったグリーンイエロー
香り	健康度	健康的な香り	健康的な香り	健康的な香り
	アロマティック	特になし	特になし	特になし
	強弱	弱い	非常に弱い	非常に弱い
	熟成度	熟成している	無臭に近い	やや熟成した
	複雑さ	複雑	やや複雑	やや複雑
	内容	昆布の甘さと香ばしさの香り	弱い昆布の甘い香り	昆布の香りと香ばしさが突出
味わい	口当たり	中程度	中程度	やや強い
	甘塩度	程よい甘さと塩分	薄い甘さとやさしい塩味	甘くやさしい塩味
	酸	なし	なし	なし
	フレーバー	程よい強さ	中程度の昆布の香り	比較的強い昆布の香り
	コク	中程度	やや強い	やや強い
	バランス	非常に良い	良い	良い
	複雑さ	複雑	中程度	中程度
	余韻	非常に長い	やや短い	やや長い
結論	品質	最高品質	高品質	良質

※水出し１日……昆布を５℃の水に浸して、24時間抽出したもの
65℃１時間……昆布を水に浸して65℃で１時間加熱したもの

第六章

演出と表現

空間表現で味が変わる

「木乃婦」の玄関照明は、お客さまを迎えるときはすべてつけて、入り口がわかりやすいよう明るくしています。けれど、帰られるときには、足元の明かりだけを灯して別れを惜しむ寂寥《せきりょう》の風情を漂わせます。以前行なった清水寺・成就院での食事会では、部屋には香をたきしめて燭台だけ灯し、それでは食事というときに、銀の燗鍋を持ってお客さまに一献さしあげるという雅な演出で好評を博しました。食事の味はもちろん大切なことですが、光や香りを工夫して空間を演出することで、料理がいっそう美味しくなることもある。料理とは別の表現でお客さまの心を制することもできるということです。器ひとつとっても、流行もあるし伝統の力もあり、どんな器を買ってどんなふうに使うかで、料理の味が変わります。

器や盛りつけは、ある意味料理と一体化して直接味につながっていくものです。そういうことでいうと、同じ装飾でも、お花や掛軸は、間接的に人の心を動かすもの。料理を食べる手を休めてふと床に目をやると、そこに一輪の椿が凛《りん》とたたずんでいる。それを目にするだけで、なぜか心が落ち着いていく。料理からは遠いところにありながらも、心を動かすことができる。料理人にとっての遠距離攻撃用の武器なのです。

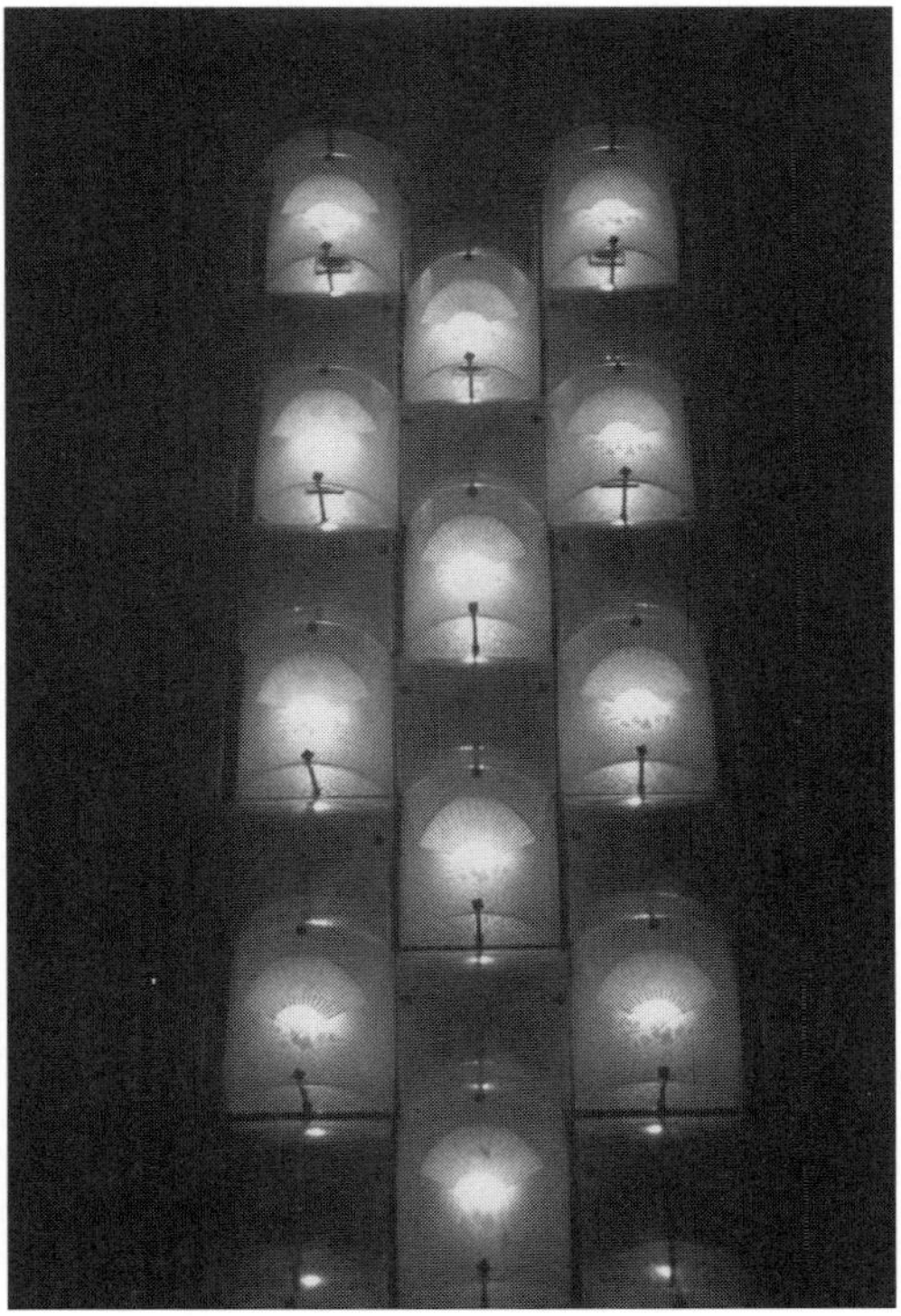

器の力

先日、お茶を紙コップと茶托付の汲み出し碗で飲むとどう違うかを、実際に大学院で実験しました。生理機能的なことでいうと、交感神経と副交感神経の反応がまず変わります。紙コップでお茶を飲んだときは、交感神経も副交感神経もほとんど反応しません。ところが、汲み出し碗でお茶を出すと、交感神経がやや上がる。これは微妙な興奮状態になるということで、興奮状態になると五感が刺激されてそれぞれのセンサーが活性化される。つまり、味覚や嗅覚が研ぎ澄まされるから、より美味しく感じられるようになる。視覚や触覚の感じ方も紙と磁器ではまったく違います。見た目の美しさ、手に取った温かさや冷たさなどが、お茶の味に直接影響を及ぼすことは、いうまでもないことです。

「木乃婦」でも、和食器だけでなくマイセンなど洋食の器を使うこともあれば、ラリックやバカラなどガラス器も使います。ただ、流行や自分の好みも変わるので、なかにはあまり使わなくなったものもあります。

せっかく揃えた器を長く飽きずに使うには、器もまた飽きのこないものを選ぶことが肝心です。たとえば、代々陶芸家である方に自分の好みを伝えてつくっていただいた器は、時代を経ても色あせません。自分の好みにその作家の持つ歴史観が加わることで修正され、いい塩梅になるからでしょうか。今までにお願いしてつくっていただいた織部や志野、備前、唐津とそれぞれにいい風合いがあり、使い飽きることがありませんし、使うほどに味が出てきます。力のある器に盛りつけると、自分がイメージする以上の完成度の高さを得られることがあり、驚かされます。

ただし、どんな器を使うかということについても、私の店ではまずお客さまありきです。常連さまなら、できるだけその方の好みに合うようなものを使います。海外の方なら京都らしい絵柄のものなどを選ぶこともある。海外からの来賓などで、どうしてもお好みがわからないときは、店で使っているもののなかでも、伝統的でまさしく日本らしいものを使います。お客さまによって好みが違うのですから、そこはその方の立場に立って想像力を働かせて使い、できる限りのおもてなしをしたいと思っています。

非日常を表現する

日本料理は、空間表現や器など、料理以外のものと一体化させ季節感を盛り込む料理です。それぞれの季節、節句をさまざまな演出で表すのです。三月なら桃の節句にちなんで、桃の花を置く、五月の端午の節句には、菖蒲《しょうぶ》の葉や柏の葉を敷いたり、粽《ちまき》を巻く、九月は重陽だから菊をあしらうという具合です。節目、節目の季節感を大切にし、そこに表現を盛り込むことは、自然を大切にしてきた日本料理ならではの手法です。

季節感以外にも、寿《ことほ》ぎの席なら鯛や紅白の食材を使うなど、おめでたさを表現します。水引や紅白の紙、奉書紙など神聖なものを使うこともあります。それらは、その場の格式を高めるものであるとともに、古の昔から厄除けや無病息災などを願って用いられてきたもので、まさに日本文化といえる部分です。また、料理だけでなく、お品書きなども、祝膳なら、造里（つくり・里をつくるから縁起がいい）、壽の物（すのもの）、家喜物（やきもの）、多喜合（たきあわせ）などという文字を使い、めでたさを表現します。部屋にたきしめるお香も法事なら枯れたもの、壽《ことぶき》なら甘い香り、器

や床の間の花、掛け軸なども、ひとつひとつの行事が滞りなく終えられるようにと願って準備するものです。

また、そのお席に主役がどこにあるのかを際立たせることも大切なことで、披露宴なら新郎新婦、法事ならお亡くなりになった方と、主役に焦点があたるような演出をすることも、日本料理の表現のひとつです。

盛りつけの妙

盛りつけもまた、お客さまの喜びを大きくできる演出のひとつです。お誕生日、喜寿のお祝い、結納などそれぞれのシチュエーションやお好みにそっても変化させることができます。お祝いの席なら、竹を器にして根引松と水引き飾り、そこに料理を盛りつけるなど華やかな盛りつけがいいでしょう。

塗の大きな器にお造り四人分を盛り合わせ、取り分けていただくと、場がにぎやかになって一気に盛り上がります。シンプルな板の銘々皿に一品を盛るというようなすっきりとした装いが似合うお席もあります。器や盛りつけは、ある意味料理と一体化して直接味につながっていくものです。

情景を表現する

鯛を食べるときに、その鯛が明石産だとわかると、明石の情景が浮かんでくる。究極をいうと、日本料理とはそういうものでなければいけないということです。明石産だから美味しいというだけでは、料理の醍醐味は味わえません。

料理屋などで、お客さまに調理をする前の鯛を見せますが、これは「どうだ、生きのいい鯛だろう、大きいだろう」と自慢したいわけではなく、「今日、明石から届きました」と伝えることで、明石の海を感じていただきたいという思いがあるからです。そして、それが日本料理の本意。そこを誤解しないでいただきたい。

割烹などでは、わざわざ魚を目の前でおろすお店もあります。技を見せるパフォーマンス的なこともあるでしょうが、それを見ることで、食べ手は、その魚が海で泳いでいたことや、京都まで運ばれてきたことなど、さまざまな情景を想像する。それが文学的で面白い。だから割烹は谷崎純一郎先生や川端康成先生のような文豪に評価されたのだと思います。

山のものと野趣《やしゅ》味

野趣をひと言でいうなら、人工的なものを排除したものでしょうか。根本から自然なものが野趣ですが、今、料理屋などで使われる野菜には、そういう意味では天然ものはほとんどなく、だから本来的な野趣は存在しません。つまり今、料理屋で出されているものは、野趣風というか野趣味のあるもので、里や郷土、田舎などの都市部にない趣を表しているものです。世俗や一般の生活から離れたものともいえます。野や山に咲く花に見立てた風情を表現するほか、備前などの土の風合いを残した器を使う。どこかに隙や遊び心のある完成されていない美学を、野趣味ということもあります。

それぞれの季節によって具体化する方法が違うのも、野趣の面白さです。春は、野や山に咲く花が野趣を表すものでしょうか。夏は青い竹と少し土の色（茶色）がまざったもの。秋は、落ち葉や色づく葉、色の陰り、色の変化。そして冬の野趣は、寒気、雪の痛々しい冷たさ、冬を乗り切る冷たい感じ、寒さを克服するイメージです。

あと、都市部にない趣ということなら、囲炉裏なども野趣味に入ってくるものでしょう。人が住んでいる環境との隔たりがあるものが野趣なので、人里離れたところ

に住んでいる人には野趣という感覚はないはずです。それが普段のことですから、彼らにとっては、「野趣」は失礼な言葉なのかもしれません。そう考えると野趣とは、都に住んでいる人が、新しいものを求める反動として、昔の良さを洗練された形で表現するものといってもいいでしょう。

料理なら、いたどりをゆがいて胡麻和えにしたものや鴨を焼いて備前など重々しい器の上に笹の葉や朴葉などを敷いて、そこに並べる。銀杏を松葉で刺すなど、洗練された表現を残しながら野趣味を出して、その風情を楽しみます。

四季の表現

夏に感じる「瑞々しさ」も文化的なもの。氷を食べたり、冷たい水を飲むなど、単に冷たいことが涼しく暮らすことではないところが、人間らしい表現です。たとえば青葉に雫をつけて涼しげにする、あるいはあえて部屋の中に陰と日向をつくって、暗いところにいることで涼しい雰囲気を出す。また明るいところには緑を配して光と影を演出するなど、京都人は、目から入る情報を工夫することで、夏の瑞々しさを演出してきました。盆地で蒸し暑い京都だからこそ生まれた知恵で、暑さを逆手にとって文化的な涼しさ、夏の瑞々しさを創造したといえます。

流通や家電の発展で、氷が当たり前のように手に入るようになり、直接的に氷を浮かべた飲み物や料理がつくられるようになりました。けれど、それはある意味不自然なように思います。人は、長きに亘り、緑を見て涼しさを感じ、水分をたっぷりと含んだ野菜を食べて熱い夏をやり過ごしてきました。その風情を忘れてはいけません。

第七章　和食の極意

真を見極める

日本の文化にはそれぞれ「型《かた》」があり、なかでも真の部分、たとえば正面がここというようなことは決まっています。行や草は遊んでもいいけれど、真は揺るぎのないものです。お花で先生が正面と決めたところは動かせない。動かしてしまうと悪くなるというか、そのものの本位ではないように見えてしまうということがありますが、料理でも、真の中心はこれと決めておくと非常におさまりがいい。そこを明確にしておくからこそ、日本料理というフレームができていくのです。

けれど、フランス料理にはフレームがありません。シェフの創造性が中心となっています。イタリア料理とフランス料理の型の違いが明確ではないことも、しっかりとした中心であるべき真がないから起こる問題で、だから料理の主流がたった5年ほどで大きく変動するのです。フランス料理店でパスタを出したら、「イタリア料理ですか?」と言われる。理屈からいえば、フレンチだってイタリアの食文化が流入して成立しているのですから、パスタを使ってもいいはずで、確固たる真があれば、揺らぐことはない。フランス料理だけでなく、日本料理でも食材は何を使ってもいいといわれます。料理法や流れなどがきちんとしていれば、何を使ってもフレンチですし日本料理のはずです。日本の会席や懐石料理には、真のぶれない部分が残っているから、新しい部分が加わっても、一本筋が通っていく。例えば、これはこういうふうに切りましょうとか、これにはこういう包丁を使いをしましょうという型があるから、どんな食材を使ってもぶれずにおさまるのです。

一番格の高い脂ののった鯛を刺身の長い一尺一寸の柳包丁で切って、平造りにして山葵と醤油で食べるというのが真。これを決めておくからこそ鯛の薄づくりのような崩しができる。醤油や薬味などを柔軟に変えて、バリエーションを増やしたとしても、真の部分が残っているから日本料理という枠から外れることはないのです。

このところの和食ブームで海外でも和食店がたくさんできています。それは和食を普及させるという意味でもいいことだとは思います。ですが、洋包丁で魚を適当に切って、山葵と醤油で食べさせる料理は、基本の真の部分がまったく違うから、これは日本料理ではありません。しっかりと「型」を踏襲しているものが「和食」と呼ばれるもので、だからこそ洗練を追求できるのです。

正面を知る

包丁技と味つけ、料理人があとひとつ望まれるのが、綺麗に盛りつける感性です。たぶん生け花に近いのだと思います。立花をするとき、まずは最初に真となる花を決めます。花の正面を決めるとき、どこだろうと考え、花を回していって、一番綺麗なところを見つけ、そこを正面にする。その正面が5度ずれていても、なぜか気持ちが悪い。そういう「ここが一番」というところがわかる感覚が大切です。一番きれいに見えるところは1カ所のみ。それは、それぞれの感性で選ぶというゆるいものではなく、本質の見極めができるかどうか。

私がお世話になった「吉兆」の御主人もそのことは、よくおっしゃっていました。「料理の正面、真の部分が5ミリ狂ったら違う料理になる」と。違う場所に置いてしまうと「なんでそんなもんそこに置くねん」と叱られる。「ちょっとこっちに置くだけでバランスがとれるやろ」と、教えていただきました。

職人気質と作家性を兼ね備える

料理人は、職人気質と作家性の両方の資質を持っていることも必要です。ただし、日本料理の場合は、まず「型」が大切。「型」を知って、流れをつくるということが最終的な洗練度につながります。食材は、同じ寸法、同じ分厚さで切ると質感が整いますが、そういうビジュアルもまた、直接「美味しさ」を表現できるものです。まずは、「型」通りにできる職人の技が必要。そこに自分らしい表現を加えることが求められます。日本料理では、切り方、味のつけ方、見せ方の基本をしっかり極めること。その基本なくして、自由に表現しても、美味しさや、美しさにはつながりません。

私は週3回、金剛流の能のお稽古に通っていますが、能にも基本があり、そこにそれぞれ演者の匂いと呼ばれるべき個性的な能力をプラスします。台本には、脚や手の動きが最低限の範囲で記述されていますが、そこに書かれているのは絶対的な最小限の決まり事だけ。それは足だけの所作の場合もあるし、手だけの場合もあります。要するに足だけしか書いてないときは、足の動きの持つ意味を踏まえ、それを邪魔しないように手は自由に動かしていいということです。さらに、動作は書いてあるけれど動かすスピードまでは書かれていない。そこは、自分で加減できるところで、そこが面白い。手の所作も、右を向いたときにちょっと広げてもいいし、広げてからそれを戻すタイミングは好きにしてもいい。そういうニュアンスはすべて自分でつけていきます。すると、同じ役でも演じる人によって動きや間の違いが出て、表現に自分の匂いを出すことができます。

比叡山の影が映る鴨川や白川のせせらぎなど、観客にその情景が伝わることが本意で、そこに自分の匂いをつけていく。決められた型＋決められていない自由度のある動きの組み合わせで表現するのが要。世阿弥はそういう表現が非常に上手だったそうです。

見る側にも、それら表現の差がわかるだけの力が必要ですが、それがわかると面白い。能楽も料理も基本と遊び両方が必要だということです。

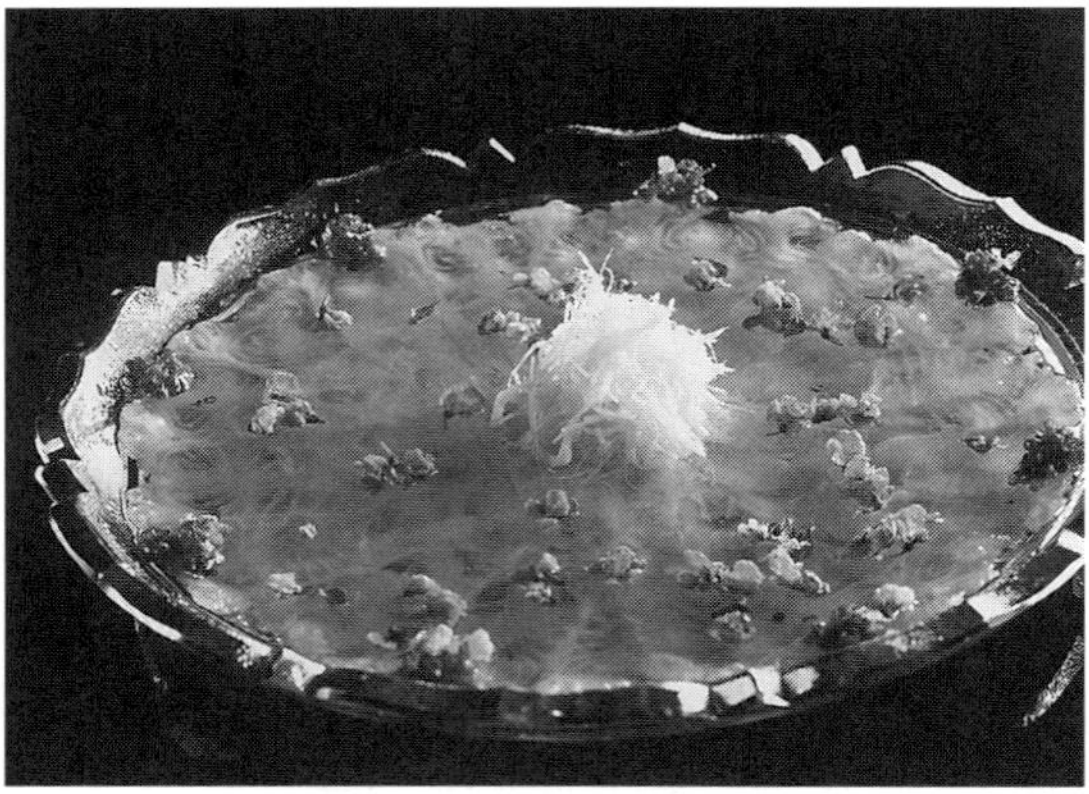

枠のなかで新しさを求める

先日、京都にある料亭で大学院の先生と食事をさせていただきました。そこは一子相伝で知られる、まさに揺るぎのない日本料理を提案されている名店です。その当主に、

「懐石料理の次って何がくるのでしょう？　いつまでも今の、先附、お椀、お造りというようなスタイルでいいのでしょうか？」とお聞きしたところ、ご主人は、

「これはこれでいいんと違う？」とおっしゃる。

「確かに何かを変革していく工程、新しいものをつくる工程は面白いけれども、決められた枠のなかで何かを見いだしていくことのほうが、制限がないよりも最終的には楽しいのではないか」と。

たとえば科学の実験にしたところで、何も制限されていなければ、検証のしようがない。何か固定した部分があって、それに付随するものを変える実験を繰り返すことのほうが近道だと。そして、実はそのほうが、新しいものをつくり出す可能性が高いのではないかというのです。

なるほどなあと思いました。日本料理は決められた枠のなかで作っていくから、これだけ進んだのではないでしょうか。科学的にも日本料理の技法や味のつけ方などが正しいものだと解明できるのは、そういう枠のなかでより高みを目指して工夫を重ねてきたからで、それが今の深い仕事につながっているのではないか。味や技術など守らなければいけない部分があるから、器や室礼などで遊ぶという行為が出てきたのではないでしょうか。

第八章

世界に通用する和食の技

切ることからはじまる和食の世界観

日本料理で使う包丁は基本的に和包丁で、柳包丁、出刃包丁、薄刃包丁のほか、鱧の骨を切る鱧（骨）切り包丁、お寿司を切る刃が丸い鮨切包丁、鰻を割くための包丁、栗の皮を剥《む》くときなどに使う小さい包丁など、本当にたくさんの種類があります。

海外に比べて魚や野菜の種類が豊富だから、素材の大きさや質感などそれぞれの個性を出すための調理技術が生み出され、それに合う包丁が出来上がってきたのでしょう。包丁を変えることで味も変わるということを、和食の料理人はみな実感しています。

上から下へ真っすぐに包丁を落とすと、抵抗がかかりすぎて、魚の組織が荒れる。長く引くことで抵抗が少なくなるから、刃先を細くして長いストロークで切る。少しの力で長い距離を引くので、摩擦係数が低くなり、表面にかかる圧力が少なくなるのです。そうして、刺身包丁は長く細くなった。薄刃の包丁は重さで切るので、そこそこの重量が必要になるなど、重量と長さ、細さと薄さ、それぞれの特徴を出して、包丁も分化したのです。

切るだけで高度な料理になるという文化は、世界中でも日本料理だけなのではないでしょうか。食材を生で食べることを想定しているから、その食感や味わいを切っただけで表現するというテクニックが育まれてきました。洋包丁をオールマイティに使っていたのでは、微妙な食感やテクスチャーは表現できないのです。

海外ではステンレスの両刃の包丁がほとんどで、押して切るのが主流ですが、日本では引いて切る。切れ味を重視するから、よく切れる片刃になり、包丁の裏側は、少しなかにそった包丁に行きついた。真っすぐな包丁だと接着面が多すぎて摩擦係数が高くなり、身離れがよくない。だからわざとそらせて空気だまりをつくり、身と包丁の摩擦を少なくするなど、料理技術とともに進化したのだと思います。

鋼だけだとかたくて刃こぼれするので、外側に軟鉄をつけてしなやかさをもたせ、柔らかい包丁をつくりました。それを800度くらいで焼いて水で急冷して硬さを出し、もう一度150度くらいで焼き直しをすると、今度はある程度しなやかさがでる。けれど、この焼き戻しが至難の技で、熟練した職人でないとつくれない。今は海外でも、日本の包丁がよく切れるというので有名レストランのシェフはこぞって和包丁を使うようになっています。包丁は、料理人それぞれが使いやすいようにカスタマイズしてきた道具。だから国内であっても、関西と関東で使う包丁が違うのです。

それら数ある包丁を使いこなすには、10年かかるといいます。包丁の特性を生かしきれるようになるまでには、それぐらいかかるということです。違った包丁を使いながら、毎日の繰り返しのなかで使い方を整理し、頭で考えなくても反射的に包丁が使える神経回路をつくっていく。1週間、1カ月やり続けたからといってできることではなく、長い年月反復することが必要なのです。

特に鱧の骨切りなどは毎年六月から九月くらいまで、年間4カ月の仕事です。120日ほどしか使わないから、慣れたころにはもう使わなくなる。10年以上使っている料理人なら、鱧をさばく最初から、うまく骨切りをできますが、面白いことに7年目の料理人がやると、去年のように切れるまでに時間がかかる。30センチ程の鱧を同じ角度と安定したストロークで切るためには、頭ではなく身についてないと切れない。さらに、鱧の骨は、引くのではなくて押して切る。一定間隔で細かく薄く切る技術をつけたうえで、押しながら反射的に切る感覚が必要な技です。そのうえ、お椀用には分厚く、落としの場合は細かくと料理によって微妙に切り方を変える。鱧の骨切りは、まさに、料理人の技術を集約したもの。だから、経験がいる。小さな割烹なら1日5本もさばけばいいところではないでしょうか。けれど料亭のつくり場であれば、1日、約30本の鱧をさばくので、ワンシーズン100日で3000本ほど。普通の店の6年分を1年で経験できるから、骨切りの回路も早くつながるわけです。

プロと素人の差がどこからくるかというと、それは断然仕事量の違いです。長年反復してつけた技術はそれほど明確だということです。

和食の洗練

表現を洗練させるためには、やはり時間も大切です。技もそうですが、間があることが大事。自分の頭のなかで基本をしっかり整理して行動に移し、また同じことを繰り返す。その繰り返しには時間が必要で、自分が納得するまでやると、15年や20年はたっているものです。日本料理の料理人は特に15年、20年後からが勝負。それまではおもちゃみたいなものです。

そして、料理屋にとってお店を成長させてくださるお客さまこそが必要で、だから私は、お客さまの要望はすべてお聞きするようにしています。「こんなものが食べたい」「こんな料理にしてほしい」など、お客さまのそのときの目的や時間の楽しみ方などシチュエーションによってご準備したい。なかには高級ワインを持ち込んで味わいたいというお客さまもいらっしゃいます。そんなときは、あまり醤油やみりんは使わずに、塩を中心にしたあっさりした味つけにし、柑橘系に合わせるようにします。ワインが主役になるお席ですから、料理はさりげなく。ワインが引き立つことを第一に考えます。

料理道　奥義

私の好きな能楽者・世阿弥の『風姿花伝　奥義』を「料理道　奥義」と名を変えて当てはめて再編集してみると、このようになります。

「そもそも料理道において、名声を博することについて、いろいろな場合がある。上手の調理は鑑識眼のない客の気に入ることは難しい。下手な料理人が鑑識眼の優れた客の好みにかなうことはない。

下手が目利きに気に入られないのは、別に不思議なことではない。上手が目利かずに気に入られないというのは、これは目利かずの鑑識眼の至らなさの結果ではあるけれども、料理の道に達した上手で、芸の工夫のある料理人であれば、そういう場合であっても、目利かずが食しても美味しいと思うように料理をつくることが出来よう。この工夫と技術を極めたような料理人を、料理の花を極めたというべきであろうか。さて、こういう境地に達した料理人は、どれほど年をとっても、若さゆえの魅力に引けをとることはないのである。さて、こういう境地を獲得した上手こそは、京都でも名人と認められ、また京都を離れた遠国の人達までもが、おしなべて美味しいと感じ

るはずであろう。こういう芸の工夫を体得した料理人は、いかなる料理であっても、客の好みや希望によって、どんなものでも作ってみせる上手なのであろう」

まさに、この奥義を極めたものこそ、料理の達人なのだと私は思います。

和食の美意識

美しい味と書いて「美味しい」と読みます。料理は、栄養素を取り入れるものだけれど、そこに美しさを持ってくるからこそ、美味しいという言葉になるのです。そこが美学というもので、美意識が高い人ほど、同じものを食べても美味しく味わえる。春先には山菜やほたるいかなどの食材があって、それをいつどんなふうに食べるから美味しいのだというように、美味しさへの要求を上げていくことで、さらに感覚が磨かれ美味しさがわかるようになるのだと思います。

昔の作家、なかでも食通といわれた永井荷風先生や川端康成先生、夏目漱石先生などは食にうるさかったと聞きます。なぜなら美味しいものを求めるということは、美意識を養うことだったからです。五感を研ぎ澄ますことは、自分の感性を高めることだった。それがあるから、彼らが目指す作品をつくり出すことができたのでしょう。

今は反対に直接的に美味しいものを求めることがグルメだといわれます。でも、本来は、それはあるべき姿ではないように思います。料理そのものの味を旨い、まずいというのは、あくまで生命維持のための欲求であって、自分の食に対する素養を上げげるものではない。だから私は、あまり同じものを食べません。色んなものを食べ比べて味やそこにある美意識を探ります。和食も好きですが、外で食べるならフレンチやイタリアンが楽しい。そのバランスや香りを感じ取って、感受性を上げることを主眼に置いています。

料理に対する、知識、教養を上げつつ日ごろの仕事の精度を上げるためには、ルーティンが肝心。つまり繰り返すことで、その精度を上げていくのです。そしてそこに外からの啓発を受けて新しいものを入力する。外界と接することで、いろんな世界のことを知って感じることも大切で、そこで初めて、ルーティンでやってきたことが生きてくる。

よく、良いもの、美しいものを見なさいといわれるけれど、では修業しはじめの若い人がそれを見てわかるのかどうか。そこから先のことをきちんと言わないから、わからない人には伝わらない。わかることがセンスだという人もいますが、それでは言葉足らずです。本当の天才は言われなくてもわかるし、感じられない人に感じろといっても無理です。ならば、なぜそれが美しいのかということを、きちんと論理的に説明してあげなくては。経験が少ない人は、そういう解説を聞いて初めて、「なるほどなあ、こういうものを美しいというのか」と納得できるものです。

たとえば、セザンヌやゴッホの良さを理解するためには、彼らが頂点にたどり着くまでの歴史を知ることが大切なのです。売れなかった時代の生活や貧しい家庭に育ったという環境、そういう閉塞感のなかから生まれてきたものの力。その絵の背景にある要素を自分自身で解釈することが必要です。何もないところから新しい美意識が生まれてくることはありません。つまり、誰かがセザンヌを素晴らしいと言ったとして、セザンヌをわかるためには、感性だけで感じ取ろうとしても難しい。彼の人生や背景を勉強することによって、それが美しい理由を探すことが大切です。人が美しいというものを美しいと思えるように勉強する。練りに練られてきたものをひとつずつ細かく理解していくことができて初めて、美しさを実感し、それを生かせるのだと思います。

これからの和食

これまでの料理人は、味や食材の追求、産地や生産方法などを見極めて料理をすればよかったのかもしれません。料理に合う器を選ぶ、町家風や路地奥など環境を変える努力もありました。けれど、これからはそれに加えて、情報や文化度を発展的に高めていくこと、さらには科学的な頭で考えることも求められます。料理以外の他ジャンルをどこまで勉強して、それを力に変えていくかに、料理人の未来はあるように思います。

たとえば、和食の料理人であってもワインを勉強することで、格段に香りの言語を増やし、嗅覚を高めることができます。和食店であっても、ワインを持ち込みたいというお客さまはたくさんいらっしゃいます。そんなとき、そのニーズに応えられないようでは料理人としては失格といっても過言ではないでしょう。

まずは、食べる。自分が稼いだ分は食べたり、飲んだり、器を買ったり、何かを学んだりと使わなければ、自分の能力は上がっていきません。スキルや感覚を磨いて能力や精度を上げることはもちろん大切ですが、さらに自分に投資する。それもやみくもに投資するのではなく、きちんと自分の目標を定め、そこに向かっていくことが大切です。

和食の基本となる、昆布や鰹をもっと世界に紹介していくこともひとつ、そのために国内の昆布や鰹の品質を上げることもひとつ。私たち料理人が明日の和食のためにできることは数々あるはず。この先、和食はますます世界で求められる食になります。そんなチャンスがあるのに、狭い日本のなかだけでとどまっていていいのでしょうか。どんどん世界に出ていって、情勢を知ること、世界の中の和食を考えていくことが必要です。

炊く、焼く、和えるという和食の基本料理に加え、和食の要ともいえる一番だしを使ったお椀のレシピをご紹介します。

基本のレシピ—1

鯛のあら炊き

材料（4人前）

鯛の頭……1尾分
酒…………1ℓ
みりん……200㎖
濃口醤油…200㎖
砂糖………100g

作り方

1 鯛の頭を4分割して、霜降りし、うろこと血合いを取る。
2 鍋に鯛・酒・みりん・砂糖を入れ、強火で煮てあくを取る。
3 火が通ったら、醤油を入れる。
4 中火にして、煮汁を鯛にかけて艶を出す。
5 鯛を器に盛り、刻んだ針生姜を添える。

鰆の味噌幽庵

材料（4人前）

鰆……………4切れ	味噌幽庵地
柚子……………1個	白粒味噌…200g
はじかみ生姜…4本	濃口醤油…60㎖
甘酢	薄口醤油…40㎖
水：米酢：砂糖	みりん……160㎖
＝3：1：1	酒…………1ℓ

作り方

1 味噌幽庵地の材料をボールに入れ、よく混ぜ、すりおろした皮とともに柚子の輪切りを入れる。
2 鰆の切り身を1に一晩漬け、串を打って焼く。
3 はじかみ生姜を酢水で湯がき、塩を振って陸上げし、分量通り合わせた甘酢に漬ける。
4 鰆とはじかみ生姜を器に盛り、ふり柚子をする。

しめじと菊菜の胡麻和え

材料（4人前）

菊菜………½束
しめじ……150g
松の実……適量
和え衣
　ゴマペースト…50g
　濃口醤油………10cc
　砂糖……………10g
　煮切り酒………適量

うまだし
　水…………300g
　薄口醤油…20g
　みりん……20g
　酒…………20g
　鰹……………5g
　昆布…………2g

作り方

1 鍋にうまだしの材料を入れ沸騰させて8割程度煮つめたら漉してさましておく。

2 菊菜はゆがいて氷水につけ、カットしてうまだしにつけておく。

3 しめじは石突きをそうじして酒塩につけて焼いてさます。

4 ボールに和え衣の材料とゴマペースト、砂糖を混ぜ、醤油濃口を入れ、煮切り酒でのばす。

5 ボールに2をかるくしぼっていれ、しめじを入れ4をさっと混ぜ、器に盛りつける。

海老真丈椀

材料（10人分）

帆立………500g	海老………20匹
塩………… 4g	金時人参… ⅓本
浮き粉…… 8g	黄柚子…… 2個
卵黄……… 1個	青味……… 1束
油…………150g	椎茸………10個
昆布だし…300cc	一番だし…1.2ℓ

作り方

1 帆立のむき身を水で洗い、ザル上げして、水を切っておく。
2 卵黄に油を少しずつ入れ、よく混ぜる。
3 海老の皮をむき、背ワタを取り、コロに切っておく。
4 1の帆立をフードプロセッサーにかけペーストにする。そこに2と塩と浮き粉を入れて混ぜ合わせ、少しずつ昆布だしを入れてのばす。
5 ペーストにしたホタテと海老を混ぜ、手で丸める。
6 5をクッキングペーパーを引いたバットにのせ、蒸し器に入れ、強火で7分間、弱火で15分蒸す。
7 金時人参は、のし型に切って湯がいて、薄口・みりんで加減しただしで炊いておく。
8 椎茸は石づきを切り、薄口・みりんで加減しただしで炊いておく。
9 青菜は湯がいて、氷水で冷やす。
10 お湯で温めたお椀に6～9を盛り付け、松葉に切った柚子をのせ、薄口・塩で加減した一番だしを張る。

あとがき

ただいま19時56分、私は鹿児島に向かう機内にいる。予定では20時45分に鹿児島空港に到着し、そこからレンタカーを借りて今晩は市内のホテルに泊まる。明朝、ホテルを出て枕崎に向かい、二人の鰹節の生産者を訪ねるつもりでいる。

今朝は太秦にある寺院の副住職のもとへご挨拶にお伺いし、精進料理について思うところをお話し戴いた。12月9日だというのに、桜の木に隠れて日が当たらないせいか紅葉が錦のさまを残し、斜めから差し込む光の線が紅葉の葉の隙間を右から左にすっと抜ける、そんな瞬間に畳の上に佇む私の重心はまさに接地点のみにかかっていた。程よい間合いで一碗が運ばれ、眼の前に深緑の円が紅葉色の残像のせいなのか、陰ながら鮮やかに発色している。「世の中に無駄なものは無い。枯れた落ち葉は肥料になる。お米のとぎ汁を苔にまけば青くなる。けんちん汁もお米のとぎ汁で炊く。掘った後の盛り土は轍を埋める。それが精進である」と。ゆったりとした時間の中で

頭に楔が入る。「教え」である。人はこの感覚を人間として欲しているのだと思う。「自然には敵わない」、そう感じる瞬間は自分の能力の限界を感じるのに何故かほっとする。やさしくもあり冷たくもある自然に寄り添うために私たちは常に考えることをやめてはいけないと思う。自然と同化し、時には対峙する。日本料理の精神とはそうなのだと。

スケジュールを確認するため、携帯電話を取り出し電源をつけた。画面上にSMSの着信①を見つけた。「装丁画が出来ました。いつでも集荷OKです。お越しください」。開いてみるとこの本の装丁画をお願いした森田りえ子先生からだった。私の好きな本「懐石傳書　辻嘉一」（昭和三十九年初版発行）の装丁画は日本画の山口蓬春先生、口絵は福田平八郎先生によるもので非常に格調高く仕上がっている。それを見た時、いつか私の本もそんな素敵な絵画で包みたいという強い願望があった。

この本の編集に深く携わっていただいた中井シノブさんと装丁の話をしているときにふと、この本の装丁は料理の写真ではなく現実から少し距離を持つ絵画だと直感で感じた。この本なら大丈夫と自分に言い聞かせ緊張しながら先生に電話をすると、「分かりました。描きます」とすぐに返事を頂いたのだった。
戻った次の日に先生のご自宅に伺った。出来上がった絵はとても柔らかく、温度感のあるむっくりとした煮物椀を浮き立たせていた。その絵自体の魅力的な存在感の中で、料理の美味しさをより強調し引き立たせる高い技術力を感じた。

「私はアスリートではないわよ、格闘家よ。原稿を読んでから、楽しく描かせていただきました」

素直に嬉しかった。父の代からのご縁を有難く思った。

ただいま8時50分、TVに出演している自分を見ている。柚子の香りと苦みの使い方と効用を説明しながら、画面の中でちょろちょろと料理をつくっている。今日は12月16日、私の誕生日である。店も忙しいので今晩21時頃に一旦自宅に帰り、家内、娘、息子の前でケーキの蝋燭を吹き消し、また店に戻ってくる予定だ。これが我が家全員に対しての風習で、消灯は未だ嘗《かつ》て欠かしたことは無い。歳時の度に、一年また一年楽しく繰り返し過ごせるのも万人万物のお蔭であると心から有難さを感じる。

この本の出版に際し、多くの方々のご厚意とご援助を戴けましたこと、厚く厚く御礼申し上げます。

平成二十六年十二月十六日

木乃婦　髙橋　拓児

〈参考文献〉
『日本料理歳時大観　傳承十二月』（主婦の友社）
『風姿花伝・三道』　世阿弥／竹本幹夫訳注（角川ソフィア文庫）
『食品と味』　伏木亨　編著（光琳）
『美の遍歴』　白洲正子（平凡社）
『日本の色辞典』　吉岡幸雄（紫紅社）
『包丁と砥石』（柴田書店）

〈プロフィール〉

１９６８年京都生まれ。大学卒業後「東京吉兆」にて5年間の修行を重ねたのち実家に戻り、京都で80年続く料理屋「木乃婦」の三代目主人となる。シニアソムリエの資格も取得し、ワインに合う料理を提供する「ワイン献立」を用意するなど、新たな調理法や素材に取り組み、京都の料理界に大きな影響を与える存在として注目を集めている。現在、京都大学大学院農学研究科修士課程に在籍し「美味しさ」の研究に取り組む。ＮＨＫ「きょうの料理」講師。

装丁画　森田　りえ子
編集・執筆協力　中井　シノブ
撮影　蛭子　真
装丁・口絵デザイン　PARK. Sutherland Inc.
本文デザイン・DTP　コン　トヨコ

和食《わしょく》の道《みち》

二〇一五年二月十八日　第一刷発行

著者　髙橋　拓児
発行者　浦　晋亮
発行所　IBCパブリッシング株式会社
〒一六二-〇八〇四
東京都新宿区中里町二十九番三号
菱秀神楽坂ビル九階
電話　〇三-三五一三-四五一一
FAX　〇三-三五一三-四五一二
www.ibcpub.co.jp

印刷所　株式会社シナノパブリッシングプレス

ISBN978-4-7946-0315-9